Karin Schaefer

Schmunzeln und Zwinkern . . .

Karin Schaefer

Schmunzeln

und

Zwinkern . . .

Neuthor-Verlag Michelstadt 2001
www.neuthor-verlag.de
ISBN 3-88758-084-2

Umschlag, Typografie & Satz
www.om-design.de
Lektorat: Claudia Troßmann
Herstellung: Books on Demand GmbH

Vorwort

Ein Vorwort vorm Text, das ist ein Muss.
Wie bei der Liebe der erste Kuss.
So komm` ich also zu dem Schluss:
ein Vorwort wirklich da sein muss!

Der Name ist wohl nicht ganz richtig.
Drum mach ich das *Vorwort* hiermit nichtig.
Denn viele Worte, die sind wichtig.
Vorsätze müsst es heißen - richtig?

Doch dieses Wort, das seh`n wir nun.
Hat mit was Anderem zu tun.
Drum lassen wir es lieber ruh`n.
Und nehmen doch das *Vorwort* nun.

So habe ich nun aufgeschrieben
für Alle, die das Schmunzeln lieben.
Prosa und Lyrik, mehr als sieben.
Denn 150 Seiten hab ich geschrieben.

Ich wünsche nun Spaß und Freude beim Lesen.

Michelstadt, Februar 2001 *Karin Schaefer*

I. Diverses

Haferflockensuppe

Als ich sieben Jahre jung war, war ich für ein halbes Jahr bei meinen Großeltern, Onkel und Tante auf dem Land zu Besuch. Dort musste ich auch in die Schule. Bevor ich nun morgens mit meiner Freundin zur selbigen ging, oder wir von meinem Opa oder Onkel mit dem Pferdefuhrwerk in die Stadt gefahren wurden, kochte mir meine Tante jeden Morgen eine süße Haferflockensuppe. Nach einigen Tagen konnte ich die nicht mehr essen, geschweige denn sehen und wollte was Anderes, am liebsten eine Stulle. Doch meine Tante war hart. Sie meinte, Stullen seien nur für die Männer, und ich müsste diese Suppe essen, damit ich groß und stark werde. Worauf ich meinte, dass ich nicht groß und stark werden wollte. Sie machte dann den Vorschlag, sie mal salzig zu essen . . .
Sie schlug mir noch ein Ei rein und gab ein kleines Stück Butter dazu. Nun hat es mir erst recht nicht geschmeckt. Die Suppe aß dann mein Onkel und ich bekam nichts. Liebend gern habe ich dann am nächsten Morgen wieder die süße Haferflockensuppe gegessen. . .

Hasenbrot

Mein Opa, sein Bruder und dessen Sohn fuhren fast jeden Morgen mit dem Pferdefuhrwerk in den Wald. Da sie den ganzen Tag dort verbrachten, bekamen sie von meiner Tante reichlich zu essen und zu trinken mit. Es war so viel, dass doch immer mal ein bis zwei Stullen übrig blieben und wieder mit nach Hause kamen. Meistens waren sie dann ganz hart geworden. Prompt bot mir mein Opa diese Stullen an und meinte,es wäre „Hasenbrot". Mit viel Genuss habe ich dann diese Stulle gegessen, im Glauben, dass es vom Hasen wäre! Es war dann nachher schon so, dass ich gleich meinen Opa oder meinen Onkel überfiel, wenn sie nach Hause kamen, ob sie wieder „Hasenbrot" hätten. Und manchmal machte meine Tante absichtlich eine Stulle mehr. Erst viel, viel später habe ich erfahren, was es mit diesem „Hasenbrot" auf sich hatte.

Schrippen

Als ich knapp neun Jahre jung war, zogen wir von Berlin nach Offenbach. Nach einigen Tagen schickte mich meine Mutti zum Bäcker, um Schrippen zu holen. (Berliner Ausdruck für Brötchen) Die Bäckersfrau wusste nicht, was ich wollte. Da zeigte ich auf die Brötchen, die dort in verschiedenen Körben lagen. Nun fragte sie:
„Möchtest du Wasserweck oder Milchweck?" Ich ging nach Hause, berichtete und holte dann Wasserweck.

Hochzeitstag

Einmal ging ich von der Schule direkt zu meiner Tante Wally, die inzwischen auch von Berlin nach Offenbach übergesiedelt war. Es war am 2. Oktober. Als sie erstaunt die Tür aufmachte, gratulierte ich ihr zum Hochzeitstag. Da lachte sie und meinte: „Du bist einen Tag zu früh, wir haben erst morgen. Heute hat Oma und Opa!" Darauf ich: „Nein, ihr habt heute, denn Mutti kommt auch noch!"
Schließlich konnte sie mich doch überzeugen und wir warteten nun gespannt auf meine Mutti.
Als sie kam und gratulierte, mussten wir lachen und sie aufklären. „Na gut", meinte sie, „dann kommen wir morgen nochmal!" Und so haben wir es auch gemacht. Aber wir haben trotzdem zwei Mal Kaffee getrunken.

Arbeitskollege

Ich hatte beim Arbeiten einen Kollegen voller Witz,
der nannte mich aus Schabernack: Fräulein Donner und Blitz.

(Mein Mädchenname war Dormowicz)

Erdbeeren und Forsythien

Wir hatten mal ein Erdbeerfeld,
zehn Pflanzen warns für wenig Geld.
In der Gebrauchsanweisung stand,
was ich auch sehr lustig fand:
die Erdbeern wachsen in die Höh,
wenn man unterstützt sie peu a peu.

Man sollt nur ein paar Stäbe stecken,
das würd dann ihre Trieblust wecken.
Man bräuchte sich dann nicht zu bücken,
könnt grad aufrecht Erdbeeren pflücken.

Am Anfang warn sie noch sehr klein,
da braucht es ja noch nicht zu sein.
Doch plötzlich aber, oh wie schön,
die ersten Triebe warn zu sehn.
Nun hatten wir es aber schwer,
wo kriegen wir solche Stäbe her.

Da sahen wir im Nebenhaus,
der Nachbar schnitt Forsythien aus.
Die Stöcke warf, man hör und staun,
er einfach übern Gartenzaun.

So landeten nun alle diese
nebenan auf der Gemeindewiese.
Und eines war mir nun ganz klar,
das dies das Richtige für die Erdbeern war.

Da sah ich nach einigen Tagen,
dass die Stöcke immer noch lagen.
Drum ging ich rüber und holte mir
von den Dingern sechs und vier.
Die tat ich dann zu den Erdbeern stecken
und hoffte, dass sie nicht verrecken.

Doch eines Tages ich halt`s nicht aus,
trieben sogar die Stöcke aus.
Nun hatt` ich Blüten von beiden Sachen.
Das tat mir richtig Freude machen.

Dann kamen Erdbeeren ohne Zahl
und wir hatten keine Qual
uns nach ihnen hin zu bücken.
Ja! Wir konnten sie aufrecht pflücken!

Das Besteck

Ich hab einmal ein schönes Besteck bekommen.
Doch kurz drauf haben es die Kinder weggenommen,
weil sie es liebten sehr.
Nun stritten die sich aber mehrmals am Tag,
da platzte mir der Kragen.
Ganz ohne Frag
nahm ich`s weg, die taten sich nicht wagen
meine beiden.
Sie waren nicht davon erbaut.
Ich konnts auch leiden.
Sie haben dumm geschaut
und warn befangen.
Doch als beide aus dem Haus
dann sind gegangen,
kam das Besteck wieder heraus
zum Speisen.
Nun werd ich essen mit Gabel und Messer
auch auf Reisen,
denn dies Besteck gefällt mir besser.

Umzug

Zwei schwarze Schränke hat mein Sohn.
Die Umzugsleute kamen schon,
nahmen auseinander Schiebetüren und Garderobenschrank.
Mein Sohn tat sich die Haare raufen,
denn die Teile legte man alle auf einen Haufen.
Verhindern konnte er, Gott sei Dank,
dass in eine Tüte kamen die Schrauben,
man sollte es beinahe nicht glauben.
Schwierig war es, sie wieder zusammenzumachen.
Da hatte man wirklich nichts zu lachen.

Scherben

Auf der Terrasse liegen haufenweis Kachelscherben.
Worauf unser Sohn meint: „Ich kann dir hier ein paar vererben.
Statt Urkunden kann ich dir diese geben.
Du kannst auch mit Scherben im Rahmen leben!"

Das Blatt

Mein Mann, der sagt zu unserm Sohn:
„Ich hätte gern ein Blatt."
Der Micha, der dies gehöret hat
ruft: „Schreibt er die Rechnung schon?
Dann hätt` ich auch gern einen Bogen."
Und hat vor lauter Freude die Schraube gleich verzogen.

Doch mein Mann brauchte das Papier,
um den Stromverlauf zu malen.
Micha tut sich im leeren Schrank rumaalen.
Er montiert die Türen hier.
Da wurd`s ihm aber richtig fade
und meint prompt: „Das ist aber schade...!"

(bei der Haus-Renovierung unsres Sohnes)

Der Verräter

Der Flaschenöffner macht Musik,
wenn man die Flasche öffnen will.
Verraten war derjenige,
der`s heimlich machte und ganz still.

Der Föhn

Mein Mann liest vor: „Im Supermarkt da gibts ein Föhn.
Das ist ja wirklich ungeheuer."
Ich frag: „Was kost` er denn?" „30 Mark, wie schön."
Drauf ich: „Das ist mir viel zu teuer.
Wenn ich für 1000-Mark was bestell` im Versand,
bekomme ich einen umsonst auf die Hand!"

Der Drehteller

Aus Berlin bracht ich mir `nen Drehteller aus Holz,
auf den ich nun besonders stolz.
„Ist der für Ostern gedacht", sagt mein Mann geleiert.
„Nein warum?" „Na, weil der nämlich eiert!"

Parkplatz

Hat das Auto einen Parkplatz,
freut sich der Mensch!

Tempo

Taschentücher aus Papier sind gut zum Schneuzen und Reinniesen.
Doch wenn vergisst man sie zum Waschen
zu entnehmen aus den Taschen,
kann man sich den ganzen Tag vermiesen.

Da ist die Wäsche voller Krümel
und überall sind weiße Fusseln.
Kannst den ganzen Tag dran puzzeln.
Und die rote Blus` hat plötzlich Blümel.

Die Tonnen

`Ne schwarze und `ne blaue Tonne stehen vor der Tür,
denn getrennt ja sammeln wir Restmüll und Papier.
Doch eines Tags, ich halts nicht aus,
standen die Tonnen verkehrt rum vorm Haus.
Und da der Mensch ein Gewohnheitstier,
lag plötzlich im Müll das ganze Papier!

Der Dosenpfirsich

Wir waren alle beim Mittagessen.
Den Nachtisch darf man nicht vergessen.
Es gab Pfirsich aus der Dose.
„Pass auf, sonst geht es auf die Hose",
sagte ich zu meinem Sohn.
Der müht sich mit dem Löffel schon.
„Nimm das Gäbelchen dafür."
„Nein, so ist es spannender hier."

Geschenke

Die Nachbarin vom Nebenhaus
packt quietschvergnügt Geschenke aus,
die sich türmten in ihrem Haus.
Da nimmt sie *ein* Glas heraus
und ruft freudig dabei aus:
„Dies ist von Ute, Jürgen, Klaus."
Da spricht entsetzt die Helga aus:
„Was... von dreien nur ein Glas ins Haus,
da siehst du aber alt jetzt aus!"
„Nein", quatscht das Geburtstagskind aus:
fünf hol ich noch aus dem Päckchen raus!"

Gästebuch

Hier an diesem kleinen Ort
möcht man gar nicht so schnell fort.
Das Rätselbuch liegt griffbereit,
Zeitung und Gästebuch auch nicht weit.
So kann man beim Pinkeln sogar lesen.
So, das wär`s für heut gewesen!

Die Spanierin

Zu feurig war die Spanierin
nun isse im Schlamassel drin!
Zwei Söhne hatse nu am Hals.
Es war wohl einer aus der Pfalz!

Der Mond

Der Mond ist rund, der Mond ist voll.
Ist er wohl betrunken?
Er ist ganz einfach hell und toll!
In Liebe das Pärchen versunken.
Der Mann im Mond mit seiner Laterne
leuchtet den Paaren wirklich gerne.

Doch nach ein paar Tagen,
löscht er ohne zu fragen,
ich glaub es fast nicht,
eines ums andere Licht!
Der Mond der ist auf einmal halb
und nimmt dann an eine Sichelgestalt.

Dann ist der Mond auf einmal weg.
Der Mann im Mond kümmert sich ein Dreck.
Er hat sich auch ins Bett gelegt
Fragt nicht, wie`s auf der Erde geht?
Ob`s hell, ob`s dunkel in der Nacht
und ob er wohl über allem wacht?

Was kümmert`s ihn, er dreht seine Runden.
So haben wir`s immer vorgefunden.
So wird es auch in Zukunft bleiben
Er wird sich die Zeit vertreiben.
Er knipst an und aus das Licht.
Ist er ein kleiner Bösewicht?

Die Diät

Kurz nach Ostern, ich lüge nicht,
reduzier` ich mein Gewicht.
So beschloss ich; mir war klar,
das dies keine Kleinigkeit war.

Mit Dr. Anneken diskutiert,
ob sich das Ganze auch rentiert.
Ja, er war sogar bereit,
zu finden ein paar andere Leut,
die dann mit mir, s`ist nicht zum Lachen,
den Pfunden kräftig Beine machen.

So fanden sich dann noch vier Frauen
und beinahe hätt`s mich fast umgehauen.
Ein Mann kam dann noch in die Gruppe,
ihm war`n die Pfunde jetzt auch schnuppe.

Abnehmen war nun angesagt.
Bei Frau Dr. Stock dann nachgefragt,
wie so alles funktioniert,
dass da dabei auch nichts passiert.
Die erklärt uns rundherum:
„Man stellt die Ernährung völlig um.

So gibt es Obst drei Tage lang,
dann Müsli, Gemüse." Uns wird bang.
„Wo bleibt das Fleisch, und wo die Wurst
und wo das Bier auch für den Durst?"

„Das wird jetzt vollkommen mal vergessen,
wir tun nur Ausgewähltes essen!
Verbannt wird Fett, das macht nicht schlank,
das kommt ganz hinten in den Schrank.
Und zwei Mal die Woche gibt es auch,
je eine Spritze in den Bauch."

So hat sie uns nun aufgeklärt
wie man am besten dabei fährt.
Dann wird gewogen, man wird sehn,
wie später die Zeiger anders stehn.

Ade nun Fleischwurst, Kuchen, Torte,
nicht mal in Mund nehm ich die Worte.
Ich könnt allein davon schon dicker wärn,
da ess ich lieber Gemüs und Beern.
Ade auch Bier und Fett und Schmalz.
Ob wohl dünner wird mein Hals?

Und wirklich, schon nach einiger Zeit
merk` ich an meinem Busen, ihr Leit.
Er hat tatsächlich abgenommen
da ist ihm wohl die Diät bekommen.

Nur die Knie, die warn noch rund,
da wich noch nicht so manches Pfund.
Ja ich habe sogar den Verdacht,
die Pfunde vom Busen haben sich talwärts gemacht.
Doch auch dies wird mit der Zeit.
Abnehmen ist halt keine Kleinigkeit.

So trafen wir uns zwei Mal die Woche.
„Und was tust du denn morgen koche?"
„Was bringst du morgen auf den Tisch?"
„Ich versuch es mal mit Fisch."

So taten wir uns immer fragen.
Auch sportlich taten wir uns wagen.
So wichen dann von Stund zu Stunde,
mehr oder weniger die lästigen Pfunde.
Manch Einer ist eisern und hält sich daran,
wie durch richt'ge Ernährung man abnehmen kann.

Drei Monate sind nun schon vergangen
als mit der Diät wir angefangen.
Meine Kleider sind nun etwas zu weit.
Das Abnehmen tat mir kein bisschen Leid.

Zusammengekommen sind wir heut
und machten ne Wanderung, ihr Leut.
Hier im Habermannskreuz da werden wir nun essen
und mal unsere Diät vergessen.
Auch wenn manch eine nicht zufrieden ist.
Dieses Abnehmen so schnell sicher nicht vergisst.

Wir danken unsren beiden Ärzten,
die auch ab und zu mal scherzten.
Denn das kann ja gar nicht sein:
wir sind nicht zu dick, wir sind nur zu klein!!!

(Dieses Gedicht schrieb ich für eine Bekannte.)

Oma werden

Oma werden ist nicht schwer,
Oma sein dagegen sehr.
Denn ihr werdet furchtbar lachen,
ich kann kein Kindermädchen machen.

Die Kleine, die wohnt in Berlin.
Da komm ich nur ganz selten hin.
Sie kommen auch ganz selten her.
Oma sein, das ist nicht schwer!

Geburtstagnachfeier

Mein Mann, der lud zur Nachfeier ein,
die Radler vom Höchster Radsportverein.
Mit 12 Personen hatten wir da gerechnet.
Doch hatten wir uns aber ganz schön verrechnet.

Kurz vor sechs rief noch einer an,
er hat Fieber, daher die Familie nicht kommen kann.
Da fielen schon mal fünfe aus.
Schließlich kamen zu uns nur drei ins Haus.

Mit Helga, Sigrid und dem Heinz
feierten wir dafür bis fast um eins.
Den anderen, die nun nicht dabei,
entging gewiss so mancherlei.

Mit Steaks, Salaten und diversen Getränken,
taten wir uns fast den Magen verrenken.
Die Feier war noch recht lustig und schön.
Nächstes Jahr werden wir uns hoffentlich alle wieder sehn!

Streicheleinheiten

Liebe Helga, hier siehst du schon
Gunter`s kleinen schwarzen Sohn!
Und wenn du streichelst nun Klein-Gunter,
dann wirst du sehen, du wirst munter.

Denk dran, wenn wir vom Singen kommen,
Gunter tut uns immer entgegen kommen.
Dann streichelst du den grauen Gunter
und alle beide werd ihr munter.

Und wenn du dann im Zimmer bist,
hat dich Klein-Gunter auch vermisst.
Dann streichel bitte mal Klein-Gunter
und du wirst sehen, du bist dann munter.

Gehst du nach oben dann zum Schlafen
und legst dich in den Ehehafen.
Dann streichel August und nicht Gunter.
Und du wirst sehen, *e r* wird *n i c h t* munter!

Antenne Bayern

Ob Bad, Küche, Wohn- und Arbeitszimmer,
Antenne Bayern hör ich dort immer.
Im Odenwald auf Kanal 105,2
ist die Antenne mit dabei.

Ich find euch wirklich einfach Spitze.
Gute Laune bei Kälte und bei Hitze
verbreitet ihr von Tag zu Tag
und bringt Musik, die ich gern mag.

Ihr fragtet, wie schaust du denn aus?
Nun frag ich, wie schaut ihr denn aus?
Macht doch mal ein Bild von euch allen,
ich glaube, das tät allen gefallen.

Nun send ich euch heut für eure Wand
ein Bild von mir vom Nordseestrand.
Ich hab euch dort oben sehr vermisst.
Die dortigen Sender brachten nur Mist.

Sie versuchten es so ähnlich zu machen,
doch darüber konnte ich gar nicht lachen.
Drum macht bitte, bitte so weiter,
denn was von euch kommt, das ist heiter.

Ob Kraus, Kunze, Worms, Hohenstein, Bandle, König.
Ich hör euch täglich und das nicht wenig.
Ein Hoch auf euch und lasst euch feiern.
Denn mein Programm: Antenne Bayern!

Geschenkgutschein

Geschenkgutscheine schrieb Dietmar
für Horst und die Jasmine.
Ein Gutschein auch von mir - na klar.
Ich muss also auf die Bühne.
Ein Gedicht soll ich zum Vortrag bringen.
„Das Schweigen im Walde" sollt es heißen.
Ich hoffe, es wird mir gelingen,
sonst kann ich in den... Arm mich beißen.

Dietmar wollte mich noch fragen,
doch hat er`s dann total vergessen:
„Was willste für`n Gedicht vortragen?".
Ich überlegte nun wie besessen.
Er meinte dann: „Stell dich doch hin,
ganz einfach so als Baum.
Es kommt dir sicher was in Sinn."
„Da denk ich nicht dran im Traum!"

So leset bitte alle jetzt,
was ich für`n Gedicht dann aufgesetzt.

Das Schweigen im Walde

Ich ging für mich im Wald spazieren,
um Tierstimmen zu inspizieren.
Da huscht vorbei an mir ein Häschen.
Ich sah noch sein süßes Näschen.
Da rief ich sofort hinterher:
„Bist du allein, oder komm'n noch mehr?"
Der Hase, der blieb leider stumm.
Das war nun aber wirklich dumm.
Und ich merkte schon balde:
das ist das Schweigen im Walde.

Nun ging ich weiter in dem Tann.
Und da – auf einmal - irgendwann,
da kam von links heran ein Hirsch.
Da rief ich: „Bist du auf der Pirsch?"
Der Hirsch aber, der blieb stumm.
Das war nun aber wirklich dumm.
Und ich merkte schon balde:
das war wieder das Schweigen im Walde.

So ging ich weiter in dem Wald.
Da plötzlich aber sauste bald
ein Wildschwein an mir vorbei.
Da rief ich halt: „Bist du schon alt?"
Der Wildsau war das einerlei.
Denn es blieb wie die Andern stumm.
Das war nun aber wirklich dumm.
Und ich merkte schon balde:
das war wirklich das Schweigen im Walde.

Von den Tieren hört ich kein einzig Wort,
da wollte ich enttäuscht schon fort.
Doch plötzlich hört ich ein Vöglein singen.
Es tat ganz wunder lieblich klingen.
Da tat ich gar nichts sagen
und tat auch gar nicht fragen!
Denn dieses kleine Vögelein
schnitt das Schweigen im Walde klitzeklein.

Der Furz

Beim Bücken entfleucht er mit `nem Sturz -
der Furz.

Genesungswünsche

Langeweile im Krankenhaus
hält der bravste Patient nicht aus.
Damit deine Langeweile tut weichen,
möcht ich dir hiermit was überreichen.
Ich wünsch dir Spaß beim Lesen
und hoffe du wirst bald genesen.

(für Margret)

Einladung

Am 30. September ist`s uns Wurst,
da fahrn wir zu Jasmin und dem Hurst.
Da gibt`s was für Hunger und was für`n Durst,
vielleicht auch ein Schnitzel und etwas Worscht
bei Jasmine und dem Horscht.
Dann ist uns am 30. alles Wurst!

Da werden wir kräftig Geburtstag feiern,
mit Häppchen und Käse und garnierten Eiern.
Zwei mal fünfzig natürlich gefeiert werden muss.
So alt wird kein Schwein, aber der Fuß!
Vielen Dank für die Einladung und aus der Ferne
grüßen wir euch, wir kommen gerne.

Odyssee in Heidelberg

Zu fünft nach Heidelberg sind wir,
um die Lotte zu besuchen.
Ins Parkhaus im Deck zwei, statt vier.
Danach taten wir dann fluchen.

„Wo ist denn hier das Krankenhaus?"
taten wir dann fragen.
„Da holen sie`s Auto wieder raus,
sonst müssen sie sich zu Fuß hin plagen."

Das Auto ließen wir aber stehn,
das war uns doch egal.
Dann mussten wir zu Fuß hingehn,
doch das war dann `ne Qual.

Ein paar Mal noch nach dem Weg gefragt
und endlich war`s geschafft.
Wir wurden blass, was die Auskunft sagt,
es hätt uns fast dahingerafft.

Die Lotte wäre nicht mehr dort,
sie ist in ein andres Haus gekommen.
Wir wollten bloß schnell von dort fort.
So haben wir uns ein Taxi genommen.

Im Notsitz saßen Marianne und ich
rückwärts, doch das war uns egal.
Der Fahrer rührte und muckte sich nicht.
Vielleicht war`s bei ihm ja normal.

Dort, wo wir parkten, war Endstation,
da war das Krankenhaus.
Die Lotte saß im Flure schon.
Wir packten Geschenke und Blumen aus.

Da hörten wir aus ihrem Munde:
„Ich wart aufs Taxi nach Heppenheim!"
Das war für uns eine lust`ge Kunde.
Na, dann fahrn wir halt wieder heim.

An`s Taxi haben wir sie gebracht.
Das Auto geholt dann ganz schnell.

Unterwegs haben wir wirklich sehr viel gelacht.
Tolle Zufälle gibt es, gell.

Eine Kaffeepause gegenüber vom Diehlesberg,
mit Eis und herrlichem Kuchen.
Wir fahren nicht mehr nach Heidelberg,
wir wollen nicht mehr suchen.

(leider ist die liebe Lotte inzwischen verstorben)

Aufgeben

Man soll im Leben
nicht zu früh aufgeben.

Lurchi

Ich, Lurchi bin fast 50 Jahr,
noch immer quitschvergnügt.
Und wenn man auf mein Bauch hindrückt,
kommen Töne raus sogar.

Internet

Das Neue Jahr fing an sehr nett...
Hurra... ich bin im Internet.

80.Geburtstag

Zum Kaffeetrinken gab es Torte,
doch siehe da, hat man noch Worte.
Der Jan, der puhlt im Munde rum,
der Gisela ist das zu dumm.
Sie denkt bei sich: „Hab mich doch gern.
Ha, er hat erwischt des Kirschtortens Kern!"

Am Abend dann, da warn wir viele,
da machten wir ganz tolle Spiele.
Die Gisi zieht den Vorhang auf,
die Vorstellung nahm nun ihren Lauf.

Es wurd` gespielt und viel gelacht.
Es wurden Gedichte aufgesagt.
Und eh` man sich ganz schnell versah,
war der Geburtstag nicht mehr da.

Verkehrte Brillen

Zwei Brillen hat mein lieber Mann,
weil er am Computer anders gucken kann.
So passiert es oftmals und fast täglich,
mein Mann kommt hoch: „Es ist nicht möglich,
hab schon wieder die Falsche auf.
dann setz ich lieber keine auf."

Eines Tags, er kommt im Trab
und legt die falsche Brille ab,
aufs Sideboard hin gleich neben meine.
Er war zu faul, zu holen seine.

Setzt sich zum Essen an den Tisch
und merkt, er sieht ja einfach nischt.
Steht auf und holt sich eine Brille.
Wo keine Sicht, da ist ein Wille.
„Huch, jetzt seh` ich gar nichts mehr!"
Er holte meine Brille her.

Meine Mutti: „Ich hab die verkehrte Brille auf
wenn ich oben durch gucke,
bin ich müde!"

Das Leben

Das Leben ist wie Eiskunstlauf,
es besteht aus Kür und Pflicht.
Das Jahr vergeht im Dauerlauf,
man kommt zum Ausruhn nicht.

Und wenn dir geschenkt ein Leben,
dann halt es fest in Händen.
Denn so ist das Leben eben;
es lässt sich niemals wenden.

Umzugskisten

In Wald-Amorbach wollen wir kein Gedös,
da ziehen wir halt nach Weiten-Gesäß.
Doch so`n Umzug mit Laster ist das Leichteste der Welt.
Nur wenn man dann verliert das Geld
und auch die Umzugskisten,
kommt man sicher schön ins schwitzen!

(für die Nachbarin gedichtet)

Er zählt

Er zählt die Häupter seiner Lieben
und sieh, es sind statt sechse sieben.
Er zählt sie nochmals mit Bedacht,
potzblitz nun sind es aber acht.

„Na", denkt er: „das kann nicht sein."
Er zählt nochmal, nun sind es neun.
„Na sowas, das ist aber gar nicht schön."
Er zählt, nun sind`s auf einmal zehn!

Der Wein macht ihm den Kopf so schwer.
Also muss irgend ne Erfrischung her.
„Ich werd mal in die Dusche gehn
und dann werden wir ja sehn!"

Drauf zählt nochmal er ohne Sinn.
Und nun bringt er`s bis sechse hin.
„Na also, warum denn nicht gleich,
der Wein, der macht einem ganz schön weich!"

Fazit:
Mit schwerem Kopf siehst alt du aus,
nur mit Erfrischung wird was draus.

2. Dumm gelaufen

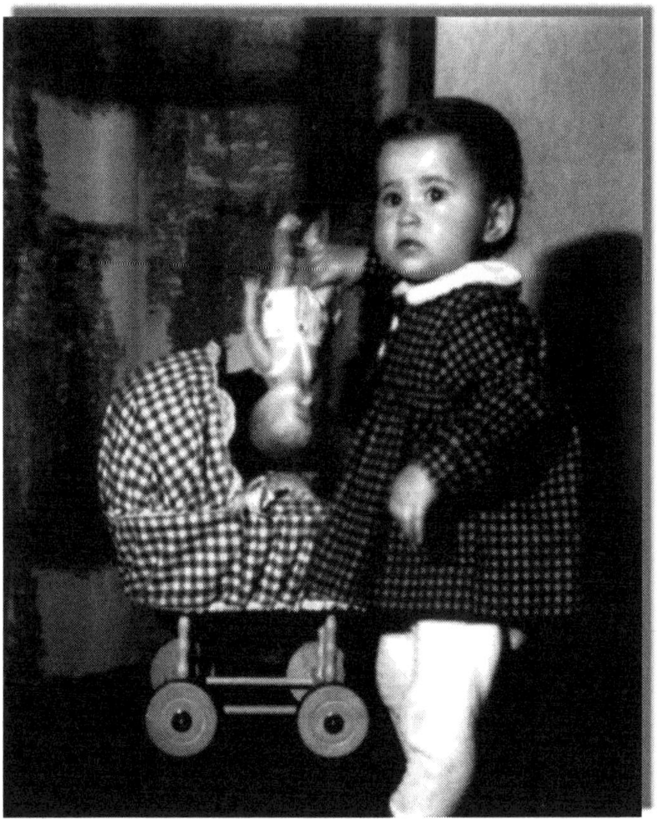

Die Beule

Eines Tages ging meine Mutti mit mir zum Metzger. Ich war etwa acht Jahre, hatte meinen Roller dabei und rollerte. Dabei übersah ich leider einen gelben Postbriefkasten und knallte voll dagegen. Meine Mutti wollte mich bedauern, aber ich brüllte gleich drauf los. Beim Metzger grad um die Ecke nun angekommen, fragte die Verkäuferin, was denn los sei. Meine Mutti erzählte ihr, was passiert ist und deutete auf meine Stirn, wo sich eine Beule langsam breit machte.
Die Verkäuferin nahm ein ganz breites Messer von der Theke und kam auf mich zu. Da brüllte ich erst recht los. Ich dachte, sie wollte mir an den Kragen. Doch schnell legte sie das breite Messer auf meine Stirn und hielt meinen Kopf fest. Das tat richtig gut, denn das Messer war sehr kalt und kühlte die Beule. Dann bekam ich noch ein Stückchen Wurst und hörte nun auf zu weinen.

Glänzer

Einmal wollte meine Mutti den Fußboden mit Glänzer einreiben. . .
Sie hatte eine schmale neue Tube in der Hand und versuchte vergeblich das Mittel auf einen Lappen herauszubekommen. Es wollte aber nicht, es weigerte sich. Meine Mutti war unerbittlich. Der Glänzer musste doch raus! Sie versuchte immer wieder. Nachdem alles nichts half, legte sie die Tube auf die Erde. Da dachte ich noch, was soll denn das nun werden? Bevor ich aber schaltete, trat sie mit voller Wucht auf die Tube. Es kam, wie`s kommen musste. Die Tube gab endlich nach und das ganze Mittel ergoss sich nun im Wohnzimmer. Aber nicht nur auf dem Fußboden! Nein! Zuerst spritzte mal eine gehörige Portion an die frisch tapezierte Wand, der Ofen wurde beklekkert, die Decke bekam was ab und der Rest landete auf Teppich und Fußboden. Nachdem wir uns von dem ersten Schreck erholt hatten, mussten wir so lachen, dass es fast in die Hose ging.
Dann meinte sie:
„Auweia, was wird Vati dazu sagen?"
„Vielleicht wird er`s gar nicht sehen, wenn wir alles schön abwischen", meinte ich. . .
Aber das Fett ging natürlich nicht von der Tapete. Sie versuchte dann noch mit K2R, aber das half auch nichts.Die Flecken blieben. Zum Glück war es in einer Ecke,wo es nicht gleich ins Auge fiel.

Wir wischten unter Lachen alles ab so gut es ging, der Ofen wurde gesäubert und der Teppich. Diesen drehten wir dann anders rum, sodass der Fleck nun auf der anderen Seite des Tisches war. Für den Fußboden war nicht mehr viel übrig geblieben. Den Rest verrieben wir auf diesem. Nun roch es unheimlich gut nach Glänzer. . .
Als mein Vati nach Hause kam, schnüffelte er und meinte: „Oh, du hast ja heute gebohnert. Es riecht gut!"
Wenn der wüsste, dachten wir. Wir haben nichts gesagt. . .
Erst nach ein paar Tagen stellte er die Flecken an der Tapete fest und fragte wo die herkommen. Wir wussten es nicht. Er überlegte lange, was es wohl sein könnte, er kam aber nicht drauf.

Horoskope

Horoskope sind oftmals gar nicht so schlecht
und manchmal behalten sie sogar Recht.
Meistens kann man ja drüber lachen,
was sie einem so für Vorschläge machen.

Doch bei mir ist es irgendwie anders gelaufen.
Ich tat mir schon manchmal die Haare raufen.
Weil das Horoskop nun doch hatte Recht
und mir ging es danach oftmals schlecht.

Was mir nun so alles ist passiert,
sag ich hiermit ganz ungeniert.
An dem Tag wär ich besser im Bett geblieben,
als ich las, was im Horoskop geschrieben.
Vorsicht vor Wasserhahn und blauen Flecken,
auch Metallteile könnten sie necken!

Ich wusste dies noch nicht zu deuten,
da hörte ich meine Trockenmaschine läuten.
Ich hab dann die Wäsche herausgenommen
und siedend heiß ist mir`s Horoskop in Sinn gekommen.

Ich kam nämlich an Metall und was `ne Qual,
die Folgen davon waren echt fatal.
Ich bekam einen Schlag, der war nicht von Pappe.
Ich wollte schreien, doch ich hielt meine Klappe.

Denn, ich sag es jetzt ganz ungelogen,
nun bin ich rückwärts an Wasserhahn geflogen,
der hinter mir war. Es war wie bescheuert.
Jetzt bekam ich von da noch eine gefeuert.

Nun war ich geladen und mit blauem Fleck.
Schnell brachte ich meine Wäsche weg.
Ich mach euch allen hier nichts vor.
Ich hätts hohe C singen können im Chor.
Ich kochte vor Wut und mir war ganz schlecht
und ich wusste, das Horoskop hatte wieder mal Recht.

Ein andermal fand ich in einem Blatt,
was der Astrologe so aufgeschieben hat.

Da las ich bei mir: Sie werden sehn
und die Woche noch auf `ne Party gehn.

Doch hüten sie sich vor hohen Dosen,
dabei geht manches in die Hosen.
Und Abwechslung im Essen könnt auch nicht schaden.
Die Hauptsache: Es verträgt ihr Magen.

Ich wusste auch dieses nicht zu deuten,
da tat es an der Haustür läuten
und eine Einladung schwebte herbei,
zu `ner Tupperparty am Samstag um drei.
Aha, dacht ich, ich werd ja sehn,
da kann doch nichts in die Hose gehn.

Es gab bunte Dosen, Schüsseln und mehr
und eine Spagetti-Dose reizte mich sehr.
Mit Einsatz war sie und echt stark,
im Angebot auch noch, kam nur ein paar Mark.

Die Gäste waren alle sehr angetan.
Die Tupperberaterin die Dose in die Hände nahm.
Sie erklärte dann, wie das mit Einsatz funktioniert.
Die Nudeln komm`n da raus, richtig portioniert.

Ich fragte noch: „Geht da nichts schief, kann nichts daneben gehen?"
Sie sagte : „Nein, probiern sie`s aus, dann werden sie ja sehen."
Ich hab dann so`ne Dose bestellt und wie sie dann gekommen,
hab ich`s gleich ausprobiert und in Angriff genommen.

Als das Wasser gekocht, nahm ich die Dose dann zur Hand
und gleich drauf ich alle Nudeln im Kochtopf fand.
Ich sag es hiermit nicht gelogen:
fast ein Kilo Spagetti waren mit Einsatz reingeflogen.

Das war wohl nichts mit Portionieren, ich hätt` mich fast vergessen.
So konnten wir die ganze Woche verschiedene Nudelgerichte essen.
Auch meine Mutti bekam was ab und alle mussten wir lachen.
Mein Mann fragte nach 4 Tagen: „Kannst nicht mal was Andres machen?"

So schob ich zwischendurch mal was Andres rein.
Doch am nächsten Tag mussten es wieder Nudeln sein.
So waren wir genudelt für einige Wochen.
So schnell tat ich nicht wieder Nudeln kochen.

Und wenn ich jetzt dran denke, so wird`s mir ganz schlecht.
Und ich weiß, das Horoskop hatte wieder mal Recht!
Dann las ich in einem anderen Blatt,
was das Horoskop mir so zu bieten hat.
Da stand nur eine einzige Zeile
und ich las sie mit richtiger Langeweile.

Heut` werden sie noch renovieren.
Ha, da tat ich aber triumphieren.
Ich wusste ganz genau, das kann nicht sein,
ich kaufte ja gar keine Farbe ein.

Zum Mittag war vorgesehen Kartoffeln und Spinat.
Ich tat alles in Dampftopf, denn ich bin ja auf Draht.
Er war etwas älter, doch funktioniert er noch gut.
Nur vor dem Ventil war ich auf der Hut.
Er wollte manchmal nicht so, wie er sollte.
Doch ausgerechnet an dem Tag ich ihm keines Blickes zollte.

Ich war grad im Bad und plötzlich o Graus,
hört ich ein Zisch- und das Ventil flog heraus.
Der Spinat, der da im Topfe war,
ergoss sich mit Lust an Wände und Decke gar.
Nun war die Küche frisch renoviert
mit grünen Flecken schön portioniert.
Bei dem Anblick wurd es mir richtig schlecht.
Ich war überzeugt: mein Horoskop hatte wieder mal Recht!

Das Bärtchen

Ein Dichter auf der Bühne steht,
spricht vom Leben, wie`s so geht.
Gedichte er auch rezitiert.
Ein Bärtchen Oberlippe ziert.

Angestrahlt von vielen Leuchten,
tut es mich auf einmal deuchten,
als wenn ihm Schweiß der Wang entrinnt
und flugs den Weg zum Bärtchen nimmt.

Es hilft jetzt nicht ihn fest zu pressen.
Den Klebstoff kann er glatt vergessen.
Das Bärtchen nimmt ganz schnell Reisaus. -
Das Publikum spendet Applaus.

Stolperjungchen

Ein Mann, der läuft die Treppe hoch
im Trenchcoat links unterm Arm `ne Tasche.
Die rechte Hand vergrub er noch
in der tiefen Manteltasche.

Die vielen Stufen hat er bis jetzt
mit Bravour genommen.
Doch wie er kam an die Allerletzt,
ist er zum Stolpern gekommen.

Die Tasche fest an sich gepresst
damit sie ja nicht fällt.
Die rechte Hand, die saß zu fest
und hielt auch noch das Geld.

Die Hand, die musste aber raus,
um`s Gleichgewicht zu halten.
Die Manteltasche flippte aus
und tat sich neu gestalten.

Und wie die Hand endlich draußen war,
die Lage war beschissen,
da war `ne Mauer plötzlich da
und die Manteltasch zerrissen.

Doch kurz vor der Mauer macht er Halt.
Er war nicht zu Fall gekommen.
Da merkte er dann alsobald,
nur der Mantel hat Schaden genommen.

Nun kaufte er voll Weh und Ach,
im Laden von gegenüber,
`ne neue Jacke und danach -
fuhr er mit dem Aufzug lieber.

3. Gesangliches

Das Echo

Ein Kanon wurd vorm Hotel gesungen.
Herr Kratz meint: „Hat aber gar nicht gut geklungen."
Darauf sagt Marianne vom Sopran:
„Das Echo von den Bergen hat dies getan!"

Das Kisschen

Die Stühle in der Kirche waren sehr kalt,
da nahmen wir uns alle ein Kissen.
Anita fragt Herrn Kratz sehr bald:
„Lassen sie es mich bitte wissen,
wolln sie für ihren Stuhl en Kisschen?"
Herr Kratz versteht tatsächlich „Küsschen".
Er meint: „So sollen sie es wissen,
ein Küsschen nein, ich hätte gern ein Kissen."

Die Notenwerte

Ne Note ist, das wissen wir
in der Schule eins bis vier.
Und fünf bis sechs, wenn ich überleg,
das is schlecht, da gibt`s dann Schläg.

Doch gibt`s noch andere nebenbei,
die werden gemalt fast wie ein Ei.
Zwischen fünf Strichen liegen sie,
heraus kommt eine Melodie.

Im Alphabet von a-h
ist bei der Note alles da.
Doch Halt, es ist noch nicht so weit,
da fehlt noch eine Kleinigkeit.

Die Notenwerte bitte sehr,
schreib ich jetzt auf, es ist nicht schwer.
Ein Strich am schwarzen Kopfe dran,
tönt die Note einfach lang.

Doch ist der Kopf auch manchmal hohl,
sie dann 2-fach tönen soll.
Fehlt der Strich am Kopfe gar,
tönt es dann 4-fach fürwahr.

Doch gibts einen Punkt beim Kopf dazu,
zählt man die Hälfte von dem Wert hinzu.
Ist ein Fähnchen am Halse dran,
wird der Wert geteilt sodann.

Ein Doppelfähnchen daran ist,
der Wert nochmals zu teilen ist.
So hab ich in Kürze aufgeschrieben,
wie die Notenwerte liegen.

Was braucht man

Was braucht man im Gesangverein,
was braucht man im Verein:
1. wir machen uns nichts vor,
   ein schönen großen Chor.
Das braucht man im Gesangverein,
das braucht man im Verein!
2. man braucht einen Chorleiter,
   sonst geht es nicht weiter.
3. ein richtiges Klavier,
   das brauchen auch noch wir.
4. paar Noten in der Hand,
   und etliche im Schrank.
5. schöne Stimmen wären recht,
   sonst klingst vielleicht noch schlecht.
6. eine schöne Uniform,
   denn das ist bei uns Norm.
7. einen Notenständer auch,
   denn das ist halt so Brauch.
8. am Ende fehlt noch was,
   Geselligkeit und Spaß.
Das braucht man im Gesangverein,
das braucht man im Verein.

4. Glückwünsche

Für Viviane

Sechs Monate bist du heute jung,
bringst Mama und Papa ganz schön in Schwung.
Hast seit Geburt ganz schön zugenommen,
hast immer Mamas Brust bekommen.
Jetzt gibt es auch schon mal Karotten
und sicher hast du schon Marotten?

Gewachsen bist du inzwischen auch.
Liegst schon mal jetzt auf dem Bauch.
An Papas Händen sich hochziehn,
die Welt im Sitzen zu besehn.
Gefahren werd'n im Kinderwagen,
im Autositz herumgetragen.
Das macht Spaß denn das ist fein.
Ach du bist ja noch so klein.

So wünschen alles Liebe dir,
Oma und Opa heut von hier.
Wir grüßen unsern kleinen Schatz,
denn du bist ein süßer Fratz.
Grüß Mama und Papa auch noch schön,
in vier Wochen werden wir uns wiedersehn!

Für Harald

Die Tage werden kälter
und du wirst ein Jahr älter.
34 bist du jung
und noch immer sehr in Schwung.

Viviane hält dich wohl in Trab?
Fährst mit dem Auto auf und ab.
Doch tu dich bloß nicht zu sehr hetzen
und deine Nerven dann zerfetzen.

Bleib immer munter und auch froh,
dann geht es leichter, sowieso!
Drum wünschen zum Geburtstag wir,
Gesundheit, alles Gute dir.

Eine Feier - aber feste
und grüß auch alle deine Gäste.
Alles Liebe, lass dich küssen
und grüße deine beiden Süssen!

Ein Jahr

Wie so schnell ein Jahr vergeht,
im beiliegenden Bildbuch steht.
Denn ein Jahr wird Viviane heute,
deshalb gratulieren auch viele Leute.

Du kannst schon laufen und etwas sprechen.
Dich auch mit einer Schnute rächen.
Sagst Teddy, Wauwau und Hallo,
dada und Vivi ebenso.

Dein Tag ist ausgefüllt mit Essen,
schlafen, trinken, spielen nicht vergessen.
Auch spazieren gehen ist ganz toll.
Viviane findet es wundervoll.

Du hast sogar ein Auto schon,
einen Schlitten und ein Telefon.
Und nimmt dich Papa auf den Schoss,
denkst du ans rumalbern dann bloß!

Sagt Papa oder Mama auch mal „Nein",
dann lässt Viviane das glatt sein.
Denn du hörst schon fast aufs Wort,
schmeißt du auch manchmal Sachen fort.

Wenn du am Computer bist,
der Papa jeden Stress vergisst?
Da gibt es sicher viel zu lachen,
wenn deine Händchen in die Tasten krachen!

Und dein Beruf ist wohl jetzt schon klar:
Computerspezialistin, nicht wahr!
So grüßen wir ganz lieb die Süsse
und senden Tausende Geburtstagsküsse.

Der Computer

Herzlich gratulieren wir
und wünschen alles Gute dir.
Einen neuen Computer wünschest du dir,
beziehungsweise Geld dafür.
Das werden wir dir auch schenken,
wirst du dein Auto am Sonntag zu uns lenken.
Also lass dich mal überraschen,
um deine Geschenke zu erhaschen.
Mittwoch um 12 stehn wir parat
und gratulieren durch den Telefonapparat.

Ein Jahr älter

Die Tage werden langsam kälter
und du wirst wieder ein Jahr älter.
Doch mach dir bitte gar nichts draus.
Du siehst noch gar nicht so alt aus.
Du bist noch jung und spritzig,
immer vergnügt und äußerst witzig.
Behalte dir deinen tollen Humor,
dann kommt dir alles leichter vor.
Drum gratulieren herzlich wir
und wünschen alles Gute dir.

Zwei Jahre

Zum Geburtstag gratulieren wir,
Oma und Opa von Rehbach hier.
Auch wenn du nicht zu Hause bist,
den Geburtstag natürlich man nicht vergisst.
Und nächste Woche werd'n wir uns sehn,
dann wird die Nachfeier sicher sehr schön.
An die Eltern viele Grüße
und viele Küsschen an unsre Süße.

Die Wimpel

Nach dem Geburtstagswunsch gefragt,
hat Harald uns letztens dann gesagt:
„Ein Wimpel, das wär wirklich fein,
er sollt mit Glanzstoff und Folie sein.
Motiv der Burg, Zentimeter zehn,
zum Aufbügeln, das wird schon gehn.
Umwickelt dann mit goldenem Band,
das geht dir sicher leicht von Hand.
Ein Ständer dann zum Hängen dran.
Nun setz dich aber ganz flott ran!"

Ständer und alles Nötige schnell besorgt.
Von mir ein Halstuch ausgeborgt
und nun alles ausgemessen.
Wir schafften beide wie besessen.
Ausgedruckt dann das Motiv.
Die erste Naht, die saß dann schief.
Nochmal das Ganze, aber schnell.
Es soll doch fertig werden, gell.

Dann probebügeln, ei der Daus.
Der Stoff zu dünn, ich halts nicht aus.
Dann haben wir Papier und Folie genommen,
so sind wir auch zum Wimpel gekommen.
Wie kriegen wir das Band jetzt dran?
Wir sahen uns nun fragend an.
Mit Nähen und Uhu klappte es nicht.
Mit Heißkleber ging uns auf ein Licht.

Dann war er fertig – Gott sei Dank.
Nur die Nerven lagen blank!
Bei Harald nach weit`ren Wünschen gefragt.
Und dann hat er mir gesagt:
„Ach, mach doch nochmal zwei bis drei.
Ihr seid doch grad so schön dabei....!"
Nun pack sie aus und stell sie hin.
Wir hoffen, sie sind in deinem Sinn!

Nun wirst du aber sicher fragen
und ich kann es dir gleich sagen.
Zwei Ständer aber fehlen doch!

Nun liebe Jola, die kriegst du noch.
Harald bringt sie dir nach Haus.
So - nun pack die Sachen aus.
Und alles Gute wünschen wir
zum Geburtstag heute dir.

Für Sigi

Zu Sigis Geburtstag waren wir Jörg, Jens und Peter
Von uns bekam sie als Geschenk -
einen Apfelbräter.

Vierzig

Hallo, willkommen im Klub.
Über Nacht macht`s plötzlich plub...,
denn eh du es so schnell gedacht,
hat sich die drei aus dem Staub gemacht.

Jetzt hast du `nen Vierer vorne dran.
Nun fängt das Leben erst richtig an!
Und damit du`s auch in die Tat umsetzt,
ist eine von uns in die Stadt gewetzt.

Hat einen feinen Gutschein besorgt,
der dich dann mit schönen Dessous versorgt!
Das wird auch sicher deinem Mann gefallen.
Drum herzlichen Glückwunsch von uns allen!

Ein kleines Buch gibts noch dazu,
denn Trennkost magst ja sicher du.
Doch fang nicht heute damit an,
verschieb es mal auf irgendwann...

Alles Gute nun von uns sieben
und von der, die das geschrieben!

Vierundvierzig

Herzlich gratulieren wir zum
Geburtstag mit `ner Flasche Mumm.
Dazu dann noch, wir werden`s nennen,
kannst du dir die Besten von Ferrerro gönnen.

Und außerdem, ja schau nur hin,
ein paar Blümchen in der Tüte drin.
Heute wirst du vierundvierzig
und wer`s nicht glaubt, der irrt sich.

Wie du willst, kannst du die Zahlen drehen,
sie bleiben immer bei 44 stehen.
Drum freu dich dieser neuen Zahl,
es bleibt dir doch keine andre Wahl.

Dies soll für heute alles sein
ich krieg keinen Reim mehr hier hinein.
Mit anderen Worten:
mir fällt einfach nichts mehr ein.

Die Kunde

Die Turmuhr schlägt die volle Stund,
da - ne da, ist jemand in der Rund,
der bringt allen Leuten kund
zu dieser wirklich späten Stund:
Christian feiert heute rund!
Fünfzig schallt`s aus jedem Mund.
Wir wünschen dir bleib schön gesund.

Zuschuss

Fünfzig Jahre bist du jung
und noch immer sehr in Schwung.
Damit dies auch so weiter bleibet,
hier ein Zuschuss für ein Zeitvertreibet.
Denn neue Skier möchst dir kaufen,
damit du dann kannst besser laufen.

Fünfzig

1, 2, 3, grad über Nacht,
hat sich die vier aus dem Staub gemacht.
Nun hast du `nen Fünfer vorne dran.
Jetzt fängt das Leben erst richtig an.

Mach was draus, du wirst es sehn.
Mit über 50 ist`s auch sehr schön.
Wir wünschen für die nächste Zeit
Gesundheit, Glück, Zufriedenheit.

Und außerdem von ganzem Herzen,
für deinen Rücken keine Schmerzen.
Zum Geburtstag gratulieren wir
und wünschen alles Gute dir.

Für Inge

Wir kommen nicht mit einer Puppe,
auch Süßigkeiten sind uns schnuppe.
Wir kommen mit ganz anderen Sachen,
die dir bestimmt viel Freude machen.

Im ersten Couvert, wie kanns anders sein...
vom „Wissmüller" ein Geschenkgutschein.
Im Zweiten dann, nun pack es aus,
flattert schon wieder ein Gutschein ins Haus.
Fürs TAP, da gehst du doch gerne hin.
Wir hoffen, das ist so in deinem Sinn.

Das dritte Geschenk, was kann das wohl sein?
Nicht etwa wieder ein Geschenkgutschein?
Hurra, sie hat das Päckchen ausgepackt
und das Rätsel schnell geknackt.
Wie konnte es wohl anders sein -
natürlich...ein Geschenkgutschein!

In 3-facher Version vom Stammlokal.
Nun liebe Inge hast du die Wahl.
Du kannst fahren, essen, trinken ,
im TAP dem Dieter Rummel zuwinken.
Und heute wünschen wir dir fürs Feste
natürlich nur das Allerbeste.

Erklärung: Wissmüller = Reisebüro in Michelstadt
TAP =Theater in Darmstadt (Komödie)

Rätsel

Ob Eis, ob heiß,
ob warm, ob kalt.
Mein Inhalt wird bestimmt nicht alt!
Drum rat geschwind, was in mir drin
und was des Rätselslösungs Sinn?!

(im Couvert war ein Gutschein vom Stammlokal)

Geburtstagfeier

Aus dem schönen Odenwald,
machten Karin und Ecki in Bayreuth halt.
Denn Gisela wird 50 heut,
drum kamen auch sehr viele Leut,
nach Fichtelberg in Bayern,
da tun wir nun schön feiern.
Und Ecki mit neuem Hemd und Krawatte,
weil Karin dies vergessen hatte!

Visitenkarten

Zum Geburtstag gratulieren wir
und wünschen alles Gute dir.
Zu deinen Visitenkarten
tut hier noch ein Gutschein warten.
Wenn du ihn einlöst, dann hab Acht:
dann sind die hundert voll gemacht.

Für Hilda

Die Vögel pfeifen`s vom Geäste,
du bekommst ganz viele Gäste.
Denn Geburtstag hast du heute,
daher kommt auch die Gymnastikmeute.
Wir wünschen für die nächste Zeit,
Gesundheit, Glück, Zufriedenheit.
Alles Gute obendrein
und fit sein für den Sportverein.
Nebenan haben wir unterschrieben.
Herzlichen Glückwunsch von uns sieben.

Die Gratulantenschar

Schon wieder ist Geburtstag da
und auch die Gratulantenschar.
Deshalb gratulieren heute,
vom harten Kern die ganze Meute.

Ein Geschenkgutschein, das ist ein Knüller,
natürlich wieder vom Wissmüller,
liegt hier bei und wir hoffen,
wir haben deinen Geschmack getroffen.

Dann machen wir alle `ne Tagestour
und erleben Natur pur.
Nun wünschen wir für alle Zeit,
Gesundheit, Glück, Zufriedenheit.

Für Ursula

Zum Geburtstag gratulieren wir
und wünschen alles Gute dir.
Lass alle vier mal grade sein,
lass dich bedienen, das ist fein.
Zwei Kissen hat ich mitgebracht
und hoff, dass dir das Freude macht.

Sechzig

So schnell kann`s gehn, grad über Nacht,
hat die fünf sich dünn gemacht.
Du bist recht jung und auch nicht ranzig.
Du bist ab heute drei mal zwanzig.

Außerdem bist du recht fleißig.
Man meint, du wärst knapp über dreißig.
So wünschen alles Gute wir,
Gesundheit außerdem noch dir.

Wenn du Gartenpflege übst.
Seit neustem Kinderwagen schiebst.
Wenn du Babysitter machst,
über deinen Enkel lachst.

Wenn du, das ist doch sonnenklar,
hundert wirst in vierzig Jahr.
Mög` dir ab jetzt mit sechzig Jahren,
nur noch Gutes widerfahren.
Drum wünschen dir zum Jubelfeste
wir beide nur das Allerbeste.

Die Tasche

Wir schenken heut, das ist die Masche,
von Berlin `ne beige Tasche.
Denn weiss, das ist jetzt nicht mehr in,
der Sommer schon vorüber ging.

Wir wünschen Glück und Segen
auf allen deinen Wegen
nachträglich dem Geburtstagskind.

Geld

Einen Kleiderschrank mit Geld,
bekommt man selten auf der Welt.
Nur zum Geburtstag ist doch klar,
da werden solche Wünsche wahr.

Für Onkel Hermann

Dein Hahn, der kräht es von dem Mist
Onkel Hermanns Geburtstag heute ist.
Auch die Hühner flattern wild,
weil`s heute was zu feiern gilt.

Tante Margi, die kauft kräftig ein,
Gabi macht die Schnittchen fein.
Inge kommt dann mit Salat
und der Grill steht schon parat.

Drum wünsch` ich dir auch schönes Wetter.
Beim Grillen dann kein Donnerwetter.
Spaß macht Feiern bei dir im Garten.
Leider musst auf dein Geschenk noch warten.

Im Oktober überreich ich`s dir.
Ich hoff`, du bist nicht böse mir.
Ich wünsche dir auf allen Wegen,
Gesundheit, Glück und Gottes Segen.

Grüße und Küsschen auch an deine Lieben
und von der, die das geschrieben.

Für Monika

Zu deinem Geburtstag gratuliert ganz herzlich die Gymnastikmeute
Dir heute
und wünscht auf allen deinen Wegen
Glück und Segen.

Obstkorb

Ein bisschen Obst, Süßes und Sekt
und hoffe, dass dir alles schmeckt.

Für Marion

Die Vögel pfeifen`s von den Dächern,
heut werden wir mal bei dir bechern.
Ob Häppchen, Torte, Limo, Sekt,
was auf den Tisch kommt, alles schmeckt.
Denn du hast Geburtstag heut
und da kommen viele Leut.
Auch wir sind hier
und gratulieren von Herzen dir.

Für Christa

Recht herzlich gratulieren wir
zum Geburtstag alle dir.
Wir sieben das sind Marion,Monika,
Karin, Christel und Hilda.
Und spitz einmal das Öhrchen,
auch noch Monika F. und Hannelörchen.

Wir wünschen dir, das ist ja klar,
viel Glück, Gesundheit, viele Jahr.
Das Abnehmen kannst du heut vergessen,
denn heut wird erstmal Torte gegessen.

Und viele weitere leckere Sachen.
Danach kannst du die Trennkost machen.
So wünschen dir, ist nicht übertrieben,
alles Gute von den sieben.

Der Reisegutschein

Dieser Omnibus, Marianne,
bringt dich nicht in die Savanne.
Zum Rhein in Flammen fährt er nicht,
geht dir vielleicht schon auf ein Licht?

Er fährt mit dir nicht nach Berlin,
nein, er rollt ganz woanders hin.
Wir glauben, du weißt es schon genau,
er fährt geradewegens zur Mainau.

Dann Konstanz, Meersburg, Birnau, Singen,
wo du tust die Nacht verbringen.
Am nächsten Tag dann auch mit Pausen,
erreichst du mit dem Bus Schaffhausen.

Nachdem der Rheinfall dann besehn,
wirds an den Titisee weitergehn.
Hier gibt es eine Mittagspause
und von dort geht es nach Hause.

Am 18.September steigst du ein,
dafür gibts hier den Reisegutschein.
Wir wünschen dir zwei schöne Tage.
Wir wärn gern dabei, ganz ohne Frage.

Der Fridolin

Der Fridolin,der Fridolin,
wird jetzt in dieses Haus einziehn.
Im Winter ist er lieber drinnen,
bewacht das Haus von jetzt an innen.

Im Frühjahr aber, ei der Daus,
kommt er in Garten, hinters Haus.
Dann haben die Vögel nichts zu lachen,
denn er wird eisern die Beete bewachen
und alles was tut fleuch und kreuchen.
Der Fridolin ist `ne Vogelscheuchen.

Für Horst

Zum Geburtstag gratulieren wir
recht herzlich heut und wünschen dir
alles Gute und viel Glück
und von der Tort ein dickes Stück.
Gesundheit dann noch obendrein,
wenn sich`s erfüllt, das wär dann fein.
Und denk` vor allen Dingen,
an Götz von Berlichingen.
In diesem Sinne grüßen dich
Ecki und Karin ganz herzelich.

Für Helga

Wir machen keine großen Worte,
bringen auch keine Geburtstagstorte.
Wir haben hier für deinen Schrank
drei weitere Gläser - Gott sei Dank
wirst du jetzt, liebe Helga, denken.
Die andren taten wir voriges Jahr schenken.

Ja, denn wir sind auch wirklich nett,
nun sind die Gläser nämlich komplett.
Wir wünschen dir und das ist wichtig,
einen tollen Geburtstag, aber richtig.

Glück, Gesundheit und viel Freude
über Jahre, nicht nur heute.
Alles Gute, schöne Feier
und in drei Wochen - Ostereier

Nachträglich

Von Bernadette erfuhren wir
und deshalb gratulieren wir,
noch nachträglich zum Geburtstag heut.
Wir hoffen, dass es trotzdem freut.

Und wenn die Sonne so schön lacht
und an Urlaub wird gedacht.
Und ihr nicht wisst, wo fahrn wir hin,
dann schaut in unsere Seite rin.

Unter www.fewo-schaefer.de,
da könnt ihr unsre Website sehn.
Nun viele Grüße von Rehbach heut,
grüß Rosina und die Schaefer's Leut.

Für Wolfgang

Das Wandern ist des Wolfgangs Lust,
mit diesem Kompass geht`s zielbewusst.
Dafür ist dann die kleine Tasche.

Noch `ne Tasche, eine große,
kannst dir anschnalln an die Hose.
Denn das ist heute ja die Masche.

Nach Wandern tut`s Erholung bringen,
denn das entspannt vor allen Dingen,
ein Badeöl in kleiner Flasche.

Der Glückwunsch auf Diskette steht
und vorne drauf ist, wie es geht.
Steckst in Computer, in die Lasche.

Und ganz unten, sieh nur hin,
liegt `ne Kopie einer Karte drin.
Die packst du dann mit in die Tasche.

Dann könntest du wandern im Odenwald,
wenn du mal kämest alsobald.
Also, komm mal auf die Rasche.

Für Familie Neff

Dem „goldigen" Paar
ein Geschenk ist doch klar,
kauften wir sieben
für euch Lieben.
Es wird euch freun,
was wir packten ein.
Beim Auspacken
gut aufpassen,
sonst geht perdue
das schöne Fondue.
Könnt Käse machen
und andre Sachen.
Zum Beispiel Fleisch
und unerreicht,
schmeckt Schoko,
ist doch logo.
Alles Gute für euch Lieben
von uns sieben,
das sind diese:
Lotte, Luise, Anneliese,
Inge eins und Inge zwei,
Karin und Helga mit dabei.

Für Onkel und Tante

Fünfzig Jahre - eine lange Zeit.
Doch nun ist es jetzt so weit.
Gefeiert wird heut, ist doch klar,
mit `ner großen Gratulantenschar.

Verwandte kommen von fern und nah,
auch Bekannte die sind da.
Und alle gratulieren sie.
Potzblitz, ja selbst das Federvieh!

So wünschen wir dem goldnen Paar
noch viele gemeinsame Lebensjahr.

Für Hilde und Heinz

Dieser Tag heut ist es wert,
dass man euch ganz besonders ehrt.
Drum wünschen auch wir für alle Zeit,
Gesundheit, Glück, Zufriedenheit.

Für Familie Müller

50 Jahre sind es wert,
dass man dies besonders ehrt.
Drum wünschen aus dem Urlaub hier,
dem „goldigen" Paar alles Gute wir.
Desweiteren Glück und Segen,
auf allen euren Wegen.

5. Kurioses

Der Zahn

Mit sieben Jahren hatte ich, wie das so bei kleinen Kindern üblich ist, einen wackligen Zahn, der einfach nicht raus wollte. Zum Zahnarzt wollte ich aber auch nicht. So überlegten wir, wie man ihn am einfachsten entwurzelt. Da hatte meine Mutti eine blendende und gute Idee. Ein Ende eines Bindfadens an den Zahn, das andere Ende an die Türklinke, Tür dann auf und schon wäre der Zahn draußen. Gesagt, getan. . .
Wie meine Mutti aber dann die Tür aufmachte, mussten wir erstmal furchtbar lachen. Die Tür ging nach der falschen Seite auf. Beim zweiten Anlauf klappte es dann aber wunderbar. Rutsch, flutscht, war der Zahn draußen. Ich musste mich nur auf die andere Seite der Tür stellen.

Die Hornhaut

Eines Tages fuhr meine Mutti mit mir zum Arzt, der mir die Hornhaut an den Fußsohlen abmachte. Als alles fertig war, verband er mir den Fuß und ich kam nun nicht mehr in den Schuh rein.
Da es sehr warm war, lief ich barfuß. Ich wollte nicht mit der Straßenbahn fahren, also liefen wir das ganze Stück nach Hause. Wie wir aber nun zu Hause ankamen, hatte sich der Verband abgelöst und es war von dieser kleinen Operation überhaupt nichts mehr zu sehen.

Furunkel

In diesem Alter hatte ich mal einen Furunkel am Arm. Es wurde entfernt und ich bekam ein großes Pflaster drauf. Vor lauter Angst, dass es mir wehtut, wenn das Pflaster abgemacht wird, ließ ich niemanden an das Pflaster. Nach etwa 14 Tagen musste ich aber zur Nachkontrolle zum Arzt. Er meinte: „Ach,das Pflaster ist ja noch drauf." Er zog es so schnell ab, dass ich es kaum mitbekam. Und siehe da, es war überhaupt nichts mehr zu sehen. Ja er wusste nicht mehr, wo es war, so gut war es verheilt.

Die Handschuhe

Von meiner Patentante bekam ich einmal ein paar selbst gestrickte Fingerhandschuhe geschenkt. Nur die Abschlussfäden sollte meine Mutti noch an den Fingerenden befestigen. Die Handschuhe waren sehr bunt und aus lauter Wollresten gemacht. Sie waren sehr hübsch...
Wie wir zu Hause waren, nahm ich eine Schere und befestigte auf meine Art die Abschlussfäden, indem ich sie nämlich bis auf den Grund abschnitt. Wie ich grade den Letzten abschneiden wollte, kam meine Mutti hinzu und war fast am flennen. Wolle hatte sie keine mehr und so musste sie die Fingerkuppen zusammennähen.
Nun hatte ich mit meinen Fingern natürlich etwas weniger Platz. Meine Oma hätte jetzt gesagt: „Schad meener Mutta jarnischt, dat mir die Finger erfriern, warum strickt se mir keene Handschuh!"

Der Kohleofen

Im Wohnzimmer stand ein kleiner Kohleofen, den meine Mutti immer kräftig mit Papier und Koks fütterte. Eines Tages kam sie auf die glorreiche Idee, doch mal mit dem Fieberthermometer zu messen, wie heiß es in dem Ofen ist. Ich war 8 Jahre und doch so schlau, ihr davon abzuraten, weil ich es für gefährlich hielt. Aber meine Mutti hörte nicht auf mich, sondern machte die Ofenklappe auf und hielt das Thermometer ran. In dem Moment gab es einen lauten Knall und das Thermometer explodierte schlagartig in Ihrer Hand.
Wir bekamen beide einen gehörigen Schreck und ihr tat dann die Hand weh. Mit Messen war dann selbstverständlich nichts mehr.

Bieber

In Offenbach da führte man ein,
den so genannten Fahrgastschein.
Den der Schaffner ausgestellt,
damals noch für wenig Geld.
Und wenn der Schaffner tat dann fragen,
musste man Ziel und Personenzahl sagen.

Eines Abends fuhren wir auch mit dem Bus
und sagten : „Zwei Erwachsene bis zum Schluss."
Nach Offenbach-Bieber wollten wir,
denn dort wohnten damals wir.

Später stieg ein Ehepaar ein
und der Mann macht es besonders fein.
Der Schaffner sagte: „ Na, mein Lieber?"
Darauf der Mann: „Zwei Erwachsene Biber!" (Bieber)

Die Visitenkarten

Ein Mann kommt in den Copy-Shop,
Visitenkarten für sein Job
möchte er abholen.

„Sie wolln mich wohl verkohlen",
sagt der Mann nun zu der Frau.
„Fünfzig Stück, ich weiß es genau,
bestellt ich, nicht fünfhundert!"

Da war die Frau verwundert
und auch ein bisschen platt:
„Ich dacht`, sie wollten fünfzig Blatt!"

Streifenfrei

Meine Bekannte, ich sag`s frei heraus,
putzte letztens die Fenster in ihr`m Haus.
Sie nahm dazu das Sidolin-Mittel,
zog sich an einen schönen Kittel.

Und da es draußen noch sehr warm,
hatt sie kein Pulli an ihr`m Arm.
Nur in Unterwäsche und Kittel,
gings von Fenster zu Fenster mit ihrem Mittel.

Welches im Wassereimer noch verdünnt.
Mein Gott, wie die Zeit verrinnt.
Denn alles sollt vorm Essen sauber sein
und streifenfrei, das wäre fein.

So dacht sie, als sie kam ins Bad,
wo jemand `ne Zeitung liegen gelassen hat.
Sie ging dann zu der Wanne hin,
rutscht aus und schon lag sie dann drin !

Die Beine hoch und quer gelegen,
das sah richtig aus verwegen!
Was wollte sie damit erreichen?
Wollt sie ihren Mann erweichen?

Der Wassereimer, ach du Schreck,
ergoss sich mit dem ganzen Dreck,
nun über meine Bekannte gar.
Ich mach keine Witze, das ist wahr.

Die Haare, BH, Hemd, Hose, Kittel,
alles war nass mit dem Sidolin-Mittel.
Dem war das bestimmt nicht einerlei.
Denn nun war auch meine Bekannte streifenfrei!

Die Pergola

Im Garten stand ein Blockhaus fein,
mit Fenster, Tür und Möbeln.
„Eine Pergola, aber nicht zu klein,
die könntest du noch sägeln."

Hört Christian von seiner Frau.
„Das wird sehr schwierig sein",
das wusst er ganz genau.
„Na gut, ich werd mal nicht so sein."

So ging er ran mit viel Elan,
es musste ihm doch glücken.
Vom Baumarkt schafft er Hölzer ran,
in groß und kleinen Stücken.

Er sägte hier und sägte dort,
getrichen wurdn die Bretter.
Trocken dann, geschraubt am Ort.
Fast war es fertig, Donnerwetter!

Eine Latte fehlte noch,
die galt es anzubringen.
Nun verließ das Glück ihn doch,
denn er tat mit der Leiter ringen.

Es sagte „Holla" diese Leiter
und ging ein Stück zurück.
Nun wurd es aber heiter,
doch Christian hatt noch Glück.

Mit dieser Latte in der Hand,
sauste er nach unten.
Die Leiter krachte an die Wand,
im Gras hat er sich dann gefunden...

Der Nachbar grad im Garten stand:
„Da fiel doch eben was runter?"
Er guckte rüber und befand:
„Na, sind sie wieder munter?"

„Ach es geht", meint Christian nur,
da kam schon Helga an:

„Was liegst du hier im Grase stur,
mach dich an die Arbeit ran!"

Die Einladung

Mein Mann hatte ab Mitte August einen einwöchigen Segelurlaub in Frankreich bei einem Darmstädter Privatmann gebucht. Da wir Anfang August in Berlin beim Sohn weilten, fuhr er mit dem Zug bis Darmstadt zurück. Da er noch ein paar Stunden Aufenthalt hatte, traf er sich dann mit der Tochter, die ihn zum Essen einladen wollte. Vom Bahnhof musste er allerdings mit dem Bus fahren, da die Tochter ihn nicht abholen konnte. Als sie nun zum Essen gehen wollten, meinte sie: „Wir gehen dann runter zum Italiener, (ist im selben Haus) muss ich Geld mitnehmen?" Mein Mann konnte nicht um hin, nein zu sagen, sondern lud sie ein und somit waren 60 Mark aus der Urlaubskasse flöten gegangen.

Glatteis

Die Nachbarin fuhr mit ihrem Mann im Winter in ihrem kleinen Auto, aber nicht die normale Straße, sondern Umwege. Auf einmal sieht er, dass vor ihm Glatteis ist. Er rief noch: „Ach, jetzt kommt`s glatt" und schon waren sie drauf.

Das Auto rutschte nun ganz langsam in den Straßengraben und kippte in Zeitlupentempo zur Seite. Die beiden haben furchtbar gelacht, sind aus dem Auto gekrabbelt und dann zu Fuß dahin gelaufen, wo sie eigentlich hinfahren wollten. (zum Scholz) Der Mann war dann so nett, ist gekommen und hat das Auto aus dem Graben gezogen.

Vor die Tür fahren

Mein Mann war bei der Tochter Sigi, um dort die Toilette zu kacheln. Nachdem er zwei Tage dort war, habe ich mal angerufen. Er meinte, ich solle ihn am Freitag abholen, da er nicht weiter kann. Wir vereinbarten, dass ich ihn dann nach 13.00 Uhr holen kann. Ich fragte ihn noch, ob ich direkt vor die Tür fahren soll, falls er Gepäck hat. Er meinte, ich könnte auf der Straße stehen bleiben.
Am Freitag rief er dann um 11.00 Uhr an, ich könnte ihn schon holen. Er sagte: „Du kommst dann aber hoch!?" Dies missverstand ich aber und meinte, „Ja wie, soll ich doch vor die Tür fahren." Da sagte er: „Nein, die Treppe brauchst du nicht mit dem Auto hochzufahren. Aber du kommst doch hoch und guckst dir an, was ich gemacht habe?"
Darauf ich: „Das ist ja klar, das ich das mache. Aber das Auto bleibt auf der Straße und ich fahr nicht vor die Haustür!"

Pornoausstellung

Von der Pornoausstellung noch ganz durcheinander,
fährt die Schwägerin mit Auto den Pfosten umnander.
Nun hat sie `ne tausend Mark teure Delle.
Das kommt von der Pornoausstellung, gelle?

Zettelwirtschaft

Ein Zettel liegt auf dem Küchentisch,
„Im Kühlschrank findst du Käse, Fisch.
Ich komm später heut nach Haus,
Du musst ja wieder vorher raus."

Auf einem andern steht geschrieben,
„Ich komm leider erst um sieben.
Ich würd dich gern mal wieder sehn,
ich hoff`, es wird am Sonntag gehn!"

So geht es zu, wenn man schafft Schicht
und sieht sich manchmal Tage nicht.
Doch auch dieses geht vorbei,
dann gibt es eine Feierei!

Das Pfennigstück

Ich fand einmal ein Pfennigstück
und steckt ihn in die Tasche.
Ich dacht, den geb ich nicht zurück,
behalten ist die Masche.

Da traf`s sich, dass ich auf dem Klo
und ein Geschäft dort machte.
Und wie ich fertig, war ich froh
und an nichts Böses dachte.

Wie ich die Hos dann hochgezogen,
entsprang aus meiner Tasche
das Pfennigstück, ist nicht gelogen.
Dies war ne neue Masche.

Im Wasser dann, im Spülklosett,
da hab ich`s nun gesehen.
Ich fand das überhaupt nicht nett.
Das war wohl ein Versehen.

Das was mir vorher ward geschenkt,
hat sich sinnlos dort ertränkt!

6. Schulisches

Schulanfang

Als ich in die Schule gekommen,
hat Mutti mich an die Hand genommen.
Wir sind dann zu der Schule gegangen,
damit hat der Ernst des Lebens angefangen.

Doch zunächst gewogen und gemessen gar,
ob man denn auch schulpflichtig war.
So stellte ich mich an den Meter:
hier war ich genau 99 Zentimeter.

Da sie dieses glaubten kaum,
musst ich in einen andern Raum.
Und wieder an den Meter:
hier waren es 101 Zentimeter.

Da meinte der Arzt und lächelte fein,
„Dann trage ich 100 Zentimeter ein."
Als dann diese Prozedur vorüber,
sagt ich zu Mama: „Nu geh mal lieber.

Ich kann hier ganz alleine sein,
denn eingeschult werd ich allein!"

Religion

In der ersten Klasse macht es die Runde,
Religion ist die nächste Stunde.
Daher die Lehrerin spricht:
„Die Evangelischen gehen nicht.
Die Katholischen haben Pause
und dürfen marschieren nach Hause."

Ja, was wussten wir Erstklässler schon
von evangelischer oder katholischer Religion?
Daher guckte ich meine Freundin, die Reni, an
und fragt sie verwundert: „Was bist du dann?"

Darauf sagt sie: „Das weiß ich nicht,
evangelisch aber sicher nicht."
Darauf sagte ich: „Ja, ganz genau,
ich bin genau wie du so schlau.
Wir sind eben katholisch und haben Pause
und gehen jetzt ganz schnell nach Hause."

Als ich dann nach Hause gekommen,
hat meine Mama mich in den Arm genommen.
„Warum kommst du denn nach Hause schon,
du hast doch noch evangelische Religion!"

Nudelsuppe

Damals war es auch üblich, dass es Schulspeisung gab. Es war auch nicht verboten, dass man in dem Essgeschirr noch was mit nach Hause nahm. Eines Tages gab es mal wieder eine wunderbare Nudelsuppe mit viel Fleischeinlage, die ich für mein Leben gern aß, also meine Leibspeise. Ich aß ordentlich und holte mir am Schluss noch mal den ganzen Topf voll. Worauf die Frau, die die Suppe ausschenkte, meinte: „Na, du hast heute aber mächtig Hunger." Ich aß nur nichts davon, sondern wollte es ja meiner Tante mitbringen. Doch vorher musste ich mit dem Zug fahren, der ausgerechnet diesmal voll mit Russen war. Es war mir sehr unheimlich, doch ich ließ mir nichts anmerken. Ich konnte nicht ins Abteil, sondern musste auf der Plattform stehen...
Da beugte sich ein Russe zu mir runter und wollte wissen, was ich in dem Topf habe. Ich sagte: „Nudelsuppe, möchten Sie haben?" Und wollte grade den Deckel lupfen. Aber er schüttelte den Kopf und gab mir zu verstehen, dass er keine Nudelsuppe mag. Da fiel mir aber ein Stein vom Herzen und ich war froh, dass ich die Nudelsuppe gerettet und wir noch ein schönes Mittagessen hatten.

Die verhinderte Ohrfeige

Ich war von der Schule nach Hause gekommen
und hatte `ne schlechte Note bekommen.
Meine Mutti wollte mir eine langen,
doch ich tat dies unterfangen.

Ich rannte deshalb ins Nebenzimmer,
meine Mutti hinterher nun immer.
Ich hopste über die Betten.
„Ich krieg dich, wetten?"
So meinte meine Mutti nun.
Wir hatten nun wirklich viel zu tun.

Um die Betten ging es rund.
„Das ist mir aber jetzt zu bunt."
Meint sie nach mehrerem Laufen.
„Ich muss erstmal verschnaufen!"

Dann mussten wir doch lachen,
was waren das für Sachen.
„Na gut", meint sie, „ich verzeihe dir,
komm her, du kriegst `nen Kuss von mir!"
Statt den Klaps nun auf den Po,
bekam ich `nen Kuss nun anderswo!

Auflösung

Meine Schulkameradin und ich,
wir waren auf dem Nachhausewich.
Ein Neubau dort am Wegesrand
er unsre helle Begeisterung fand.

Herrlich weißer Sand lag dort.
Wir wollten am liebsten gar nicht fort.
Meine Freundin stapft mit Schuhen drin rum,
plötzlich meint ich: „Das ist aber dumm,
deine Schuhe lösen sich langsam auf.
Das ist kein Sand, das ist Kalk zuhauf!"

Da sind wir schnell nach Hause gerannt.
Sie hat Schuh und Strümpf` gleich weg verbannt.
Denn damals war es gang und gebe,
das man ungelöschten Kalk nur nehme.

Schuhe und Strümpfe waren weg wie nichts.
Aber ihre Mutter merkte nichts.
Später hat mir meine Freundin berichtet,
wie sie beides hat vernichtet.

Und ihrer Mutter dann gebeichtet.
Doch diese war dann sehr erleichtert,
dass ihr dabei nicht mehr passiert.
Wir hatten wirklich viel riskiert!

Ursula

Von der Volksschule kam ich dann in die Mittelschule (Goetheschule) in Offenbach. Hier lernte ich gleich ein kleines Mädchen mit ganz langen Zöpfen kennen. Sie hieß Ursula und wohnte nicht weit von der Schule. Sie hatte noch einen großen Bruder und ihre Eltern hatten sogar schon ein Auto mit einem Verdeck, was man aufrollen konnte. Es sah dann aus wie eine Sardinenbüchse. Sehr oft nahmen sie mich zu einer Fahrt mit. Wir beide verstanden uns sehr gut und heckten einigen Blödsinn aus. Wir tauschten auch unsere Stullen in der Pause.
Und einmal mussten wir sogar in der Jugendherberge zusammen in einem Bett schlafen, da keines mehr frei war. Aber da wir sehr klein und schmal waren, machte uns das gar nichts aus.

Meine Freundin Ursula, hieß mit Nachnamen Gleis. Unser Lehrer war Herr Adam Kreis. Er wusste, dass wir sehr gut befreundet und unzertrennlich waren. . .
Eines Tages sollten wir, aus welchem Grund auch immer, uns woanders hinsetzen. Dabei sagte er: „Die Ursula und das Gleischen setzen sich dahin".
Alles lachte.

Theater

Regelmäßig für Weihnachten wurden Theaterstücke eingeübt, meistens Märchen. So hatten wir in der fünften Klasse „Schneewittchen und die 7 Zwerge" einstudiert. Da ich sehr klein war, machte ich, wie kanns auch anders sein, den letzten Zwerg. Aus Watte und Filz hatte ich mir einen wunderschönen langen Bart gemacht. Dazu hatte ich noch eine Zipfelmütze auf, kleine Stiefel, lange Hosen und eine Jacke an, die mit Blumen bestickt war. Ich sah wohl wirklich aus, wie ein kleiner Zwerg. Als ich als Letzte auf die Bühne kam, fingen die Leute an zu lachen und zu klatschen. Und ich wunderte mich, warum die Leute lachten, aber ich muss wohl mit meinem Bart sehr lustig und zutreffend ausgesehen haben.
Ein andermal hatten wir Brüderchen und Schwesterchen einstudiert. Da diesmal für mich keine geeignete Rolle dabei war, machte ich die Souffleuse. Durch das viele Vorsagen, kannte ich das Stück in- und auswendig. Außerdem habe ich noch den Bach gespielt, das heißt: in einen Eimer mit Wasser reingesprochen. Dann musste ich noch den Vorhang betätigen und mithelfen, das Bühnenbild zu verstellen.

Ich hatte also bei dem Stück unheimlich viel zu tun. Und ausgerechnet bei der Premiere vergaß ich das Manuskript zu Hause . . .
Meine Mitschülerinnen haben mich fast zur Schnecke gemacht. Aber ich konnte sie beruhigen, indem ich ihnen sagte, dass ich ja alles auswendig kann, sie bräuchten also keine Angst zu haben. Aber prompt blieb eine hängen und auch ich kam nicht über diesen Satz hinweg. So wurde dies nochmal wiederholt, bis dann der anderen der Text endlich wieder eingefallen war und das Stück weiter ging.

Musik

Wenn unser Lehrer Musiknoten verteilte, mussten wir alle in die Aula, weil dort auf der Bühne ein Klavier stand. Er rief dann jede auf, die dann eine Strophe aus unserem Liederbuch singen musste. Er begleitete nun auf dem Klavier und so ausgiebig, dass ich glaube, dass er gar nicht richtig zugehört hat, wie wir gesungen haben. Er hörte sich sehr gerne Klavier spielen und konnte auch sehr gut. Er hat sogar über Kreuz gespielt.
So bekam fast jede eine Eins, oder eine Zwei. Wir haben ihn auch mal an der Nase herumgeführt und zwar, wenn jemand erkältet war, hat jemand Anderes gesungen. Und er hat es überhaupt nicht gemerkt.

Der Blinddarm

Eines Tages verkündete unsere Lehrerin, dass sie am nächsten Tag mit uns eine Klassenarbeit schreiben wolle. Wir hatten alle ein bisschen Bammel vor dieser Arbeit. Ich überlegte krampfhaft auf dem Nachhauseweg, wie ich diese Arbeit umgehen konnte...
Als ich zu Hause ankam, täuschte ich starke Bauchschmerzen vor, obwohl ich gar keine hatte. Da meine Mutti nicht konnte, ging meine Tante mit mir zum Kinderarzt, obwohl ich gar nicht wollte. Aber da half alles nichts. Ich musste hin. Der untersuchte mich gründlich und diagnostizierte einen Nabelbruch und Blinddarmentzündung. Das bedeutete: am nächsten Tag sofort ins Krankenhaus und Operation. Na gut, die Arbeit entfiel für mich, aber Krankenhaus hätte nicht unbedingt gleich sein müssen. Es war dann tatsächlich ein Nabelbruch und ein verwachsener Blinddarm, aber nicht entzündet.
Nach etwa drei Tagen durfte mich meine Freundin Ursula besuchen. Sogleich fragte ich nach der Klassenarbeit. Worauf sie ganz heiter

verkündete, dass diese gar nicht geschrieben wurde, weil so viele fehlten! . . .
Sie wird auf später verschoben. Da hatte ich den Salat. Und ich Dussel habe eine Operation über mich ergehen lassen. Diese Arbeit wurde dann überhaupt nicht geschrieben. Erst sehr viel später habe ich meiner Mutti diese Sache erzählt.

Klassentreffen

Aus Michelstadt da grüß ich dich,
das Datum passt, ich freue mich
wieder mal dabei zu sein,
denn du ludst zum Treffen ein.

Ein Buch hab ich herausgebracht,
das hat mir sehr viel Spaß gemacht.
Gedichte schreib ich jederzeit,
im Frühjahr, Sommer, Winterzeit.

Nun such aus unsrer Klassenzeit
ich lustige Begebenheit.
Vielleicht fällt dir da noch was ein
und ich verreim es, das wär fein!

Ein paar Sachen hab ich doch
unterm Titel: „Wisst ihr noch?"
Sei so lieb, überleg doch mal,
ich hab sonst keine andre Wahl.

Streng deine grauen Zellen an
und fax was rüber, irgendwann.
Im Lauf der nächsten Tage?
Ich würd mich freuen, ohne Frage!

Rückblick

Hurra, hurra, ich fass es nicht,
ein Klassentreffen ist in Sicht.
Wieso in Sicht,
den Ort den kenn ich aber nicht.
Doch Halt, da fällts mir grade ein,
das kann doch nur in Offenbach sein.

Dort , wo wir als kleine Gören,
lernten den Lehrern zuzuhören.
Ob Mathilden-Schiller-Goethe-Schule,
wir saßen artig auf dem Stuhle...
Wenn wir in der Pause tobten,
die Lehrer uns doch alle lobten.

Auch wenn wir uns mal kurz rauften,
beim Bäcker unsere Stückchen kauften.
Wenn wir unsre Stullen tauschten,
mehr und weniger den Vorträgen lauschten,
die die Lehrer Tag für Tag
für die Schüler hielten parat.

Wenn wir Klickerwasser schlürften,
manches machten, was wir nicht dürften...
Verstecken hinterm Kleiderständer,
denn dort hingen viel Gewänder.
Und den Lehrer, ach wie schön,
tat man zwischen den Kleidern sehn!

Dem Lehrer ein Lesezeichen am Kittel verpasst,
der prompt damit zum Direx rast.
Und eine schüttet sich vor Lachen,
sie durft sich dann gleich ein`n Eintrag machen.
Weil sie nicht sagte, warum sie lacht.
Das Zeichen wurd schnell abgemacht.

Im Unterricht da war`s langweilig,
ein Spielchen musste her ganz eilig.
Ratzefummel rollt dann hin und her.
Dem Adam, dem missfällt das sehr.

Der Lehrer in seinem Redefluss.
Der Radiergummi immer rollen muss.

Denn Ursula und Karin, diese Beiden,
können dies Spielchen doch sehr leiden.

Und plötzlich ist der Lehrer still -
der Radiergummi weiter rollen will.
Da klatscht des Lehrers Hand auf den Tisch
und angelt den Gummi schnell wie ein Fisch.
Und im Papierkorb nun landet er.
Wo krieg`n wir jetzt nen neuen Gummi her?

Oder an die Tafel schreiben,
wir können den Unterricht nicht leiden.
Wir möchten gern spazieren gehn,
denn das Wetter wär so schön.
Und tatsächlich, welche Wonne,
marschierten wir los bei strahlender Sonne.

Oder aber was für`n Spaß,
da flog an die Wand ein Tintenfass!
Mit Deckweiß haben wir`s „renoviert"
und uns köstlich amüsiert.
Dem Lehrer hat`s aber nicht gefallen.
Wir sagten, es war von uns allen.

Obwohl die Stunde noch nicht aus,
gingen wir mal früher nach Haus.
Während Frau Hock beim Direx war,
war uns dann auf einmal klar,
das dies könnt noch Stunden dauern,
während wir hier auf sie lauern.

Drum packten wir unsre sieben Sachen
und taten uns aus dem Staube machen.
Doch sie, sie fand das gar nicht nett.
Das Ganze noch ein Nachspiel hätt.
Doch dazu ist es nicht gekommen.
Sie hat`s uns aber sehr übel genommen.

Ja... wir waren brave Mäddchen,
dies könnt Herr Kreis, Herr Jucht, Frau Hock bestät`gen.
Herr Busch, Frau Viewegh und Frau Wal.
Lernen war manchmal eine Qual.
Denn so ist nun mal das Leben,
will man auch nach Höh`rem streben.

Es war eine schöne Zeit
und es tut mir richtig Leid,
dass ich`s manchmal fand beschissen.
Ich möcht` die Schulzeit nicht mehr missen!

Wisst ihr noch

Wisst ihr noch, wie`s damals war:
in der Jugendherberge gar.
In Eibingen am schönen Rhein,
wo wir fanden, da wars fein.
Und wir tanzten immer wieder
nach der Musikboxen Lieder.
Bis Herr Kreis sagt: „Gute Nacht
doch bitte keine Kissenschlacht!"
Und wir machten sie dann doch!
Wisst ihr`s noch?

Wisst ihr noch, wie`s damals war:
am Niederwalddenkmal, das war klar
das wir in einer Wirtschaft saßen
und getrunken haben in Maßen.
Und Herr Kreis trank ein Glas Bier.
Im Aufsatz hieß es dann bei mir,
dass dies überflüssig sei.
Ich frag mich nur so nebenbei,
weil mir dies nun gar nicht klar,
was da wohl überflüssig war.
Denn er trank das Bierchen doch!
Wisst ihr`s noch?

Wisst ihr noch, wie`s damals war:
in Oberbernhards war allen klar,
denn wir fanden das nicht nett,
als übrig blieb für zwei ein Bett.
Für Ursula und Karin diese zwei.
Man nannte sie so nebenbei
einfach und schlicht die Unzertrennten.
Ob die wohl zusammen pennen könnten?
Und sie schliefen aber doch.
Wisst ihr`s noch?

Wisst ihr noch, wie`s damals war:
als ein Tintenfass sogar
klatschte plötzlich an die Wand.
Ja, das war wirklich allerhand.
Jede musst ihr Deckweiß geben,
denn so ist nun mal das Leben.
Aber der Lehrer sah es doch.
Wisst ihr`s noch?

Wisst ihr noch, wie`s damals war:
als die kleinste Göre gar,
sich hinterm Kleiderständer verkroch,
der Lehrer nicht den Braten roch.
Aber die Schüler wusstens doch.
Wisst ihr`s noch?

Fax an Gisela

Ich dank dir herzlich für dein Schrieb
und daher bin ich auch so lieb
und teile dir nun dieses mit:
am 13. Mai komm ich gerne.
Am Montag drauf geht`s in die Ferne. (sprich Urlaub)

Anfang Mai steht noch ein Umzug an.
Ich anschließend noch renovieren kann .(muss)
Ich hoff`, ich bin dann wieder fit.
Geburtstagsfeier am Tag vorher.
Nun weißt du alles, bitte sehr.

Fax zum Klassentreffen

Mein letztes Fax kannst du zerreissen,
wir werden am 13. schon verreisen.
Drum kann ich leider euch nicht sehn
ich finde es ja auch nicht schön.

Mein Mann lud Ende Mai Feriengäste ein,
doch vorher sollt noch unser Urlaub sein.
Wir haben den dann auf den 13. vorgezogen,
das ist jetzt aber nicht gelogen.

Grüß die „Mädchen" schön von mir
und Grüße auch von mir zu dir.
Und viel Spaß in Seligenstadt
und schweren Herzens sag ich ab.

7. Sportliches

Schaukeln

Karin auf dem Spielplatz ist,
dabei die Umwelt ganz vergisst.
Die Mama ruft zum Essen runter,
doch Karin schaukelt fleißig munter.

Fünf Minuten später, sie schaukelt noch,
die Mama ruft: „Komm endlich hoch!"
Doch Karin macht sich gar nichts draus.
Sie schaukelt nun ganz hoch hinaus.

Nun sind schon zehn Minuten vergangen,
klein Karin tut an der Schaukel hangen.
Und die Mama ruft wie besessen:
„Kommst du nun endlich hoch zum Essen!?"

Doch klein Karin rührt das nicht,
es kann warten, das Gericht.
Wer weiß, was Mama da gekocht.
Die Mutter innerlich aber selber kocht.

„Na warte", ruft sie im barschen Ton.
Karin hopst endlich von der Schaukel nun.
Auf der Treppe brüllt sie dann heulend los:
„Ich habe doch geschaukelt bloß!..."

Ihr ward bang jetzt sowieso,
denn nun klatscht es auf den Po.
Sie tat das dann auch kräftig spüren.
Denn wer nicht hören kann... muss fühlen!

Die Radler

Und zu einem Geburtstagsfeste,
lud Christian sich viele Gäste
von der Radsportabteilung ein.
Sie waren alle auch gekommen,
hatten sogar ihr Rad mitgenommen
und hofften, es wird nicht so spät sein.

Da wurd gefeiert und gegessen.
Man hat glatt die Zeit vergessen.
Denn zurück ging`s mit dem Rad.
Doch Christian hat noch viel zu trinken.
Die Radler darin fast versinken.
Hoffentlich bleibt man auf dem Pfad!

So kam es, dass vom Alloholl,
viele waren von uns voll.
Und frühnachts fuhr man nach Haus.
Und einer radelt fast ins Wasser,
da wär er dann von außen nasser.
Doch ging die Sache glimpflich aus.

Ja die Radler feierten gern,
ob in Höchst, ob in der Fern.
Ob im Klubheim, ob Dorndiel,
ob bei Helga, Horst, Dietmar,
meistens warn sie alle da.
Und dann wurd getrunken viel.

Blödsinn wurde viel gemacht,
ach was haben wir gelacht.
Die Zeiten möchten wir nicht missen.
Wenn wir lustig warn beim Tanzen
und die Geselligkeit im Ganzen
heiter war, müsst ihr noch wissen!

Es war einmal

Es war einmal ein Radfahrer,
ein Franzose, bitte sehr.
Der kam von Essen einst daher.
In Mümling-Grumbach wohnte er.

Dann lernt er Einradfahren auch,
flickt so manchen Fahrradschlauch.
Organisiert auch große Touren,
schimpft mit Leute, die nicht spuren.

Lernt im Verein ein Mädchen kennen.
Ich will sie auch beim Namen nennen.
Helga hieß nun seine Liebe.
Er wird dann zum Herzensdiebe!

Geheiratet natürlich dann
und später kam `ne Tochter an.
Das Radeln hat er aufgegeben,
sein Rücken macht ihm schwer das Leben.
Doch vom Radfahrn kommt dies nicht!
Das ist `ne andere Geschicht.

Fünfzig wird der gute Mann.
Sieht man ihm dieses doch wohl an?
Ich meine hier energisch: nein -
er sieht doch aus wie neunundvierzig.
Und wer`s nicht glaubt, der irrt sich.

Ich fahr ein Rad

(Nach der Melodie :Ein Vogel wollte Hochzeit machen)

Ich fahr ein Rad, na schau mal an,
da ist nicht mal `ne Klingel dran.
Fiderallala,fiderallala,fideralla la la la.

Ich fahr ein Rad, na schau mal an,
da ist nicht mal ne Bremse dran.
Fiderallala...

Ich fahr ein Rad, ihr glaubt es nicht,
da gibt es nicht einmal ein Licht.
Fiderallala.....

Ich fahr ein Rad, ihr glaubt es nicht,
Reflektoren gibt es daran nicht.
Fiderallala..........

Ich fahr ein Rad, na schau mal an,
man damit rückwärts fahren kann.
Fiderallala......

Ich fahr ein Rad, das ist bekannt,
es wird ganz einfach Kunst genannt.
Fiderallala.......

Ich fahr ein Rad noch außerdem,
das ist auch wirklich sehr bequem.
Fiderallala......

Denn dieses Rad, na schau mal an,
da ist nicht mal ein Lenker dran.
Fiderallala......

Und dieses Rad wird hier genannt,
ist schon als Einrad sehr bekannt.
Fiderallala....

Radtour 99

In diesem Jahr da fuhren wir
mit dem Bus zunächst in die Nähe von Trier.
Doch unterwegs am Rasthaus rasteten wir,
bei `ner zünft`gen Brotzeit mit Wurst, Weck und Bier.

Danach ging`s weiter auf der Autobahn
und hinter Trier hatten wir uns glatt verfahrn.
Eine Ortsrundfahrt, die nicht geplant.
Doch ich hatte es geahnt,
als wir zu früh abgebogen,
das ist hier aber nicht gelogen.

Der Sportplatz war der nächste Halt
und dann merkten wir schon bald,
das Leute vom Zirkus, die dort gastierten
andauernd zu uns rüber stierten.

Doch wir kümmerten uns um die Räder nur
und machten sie fertig für die Tour.
Da plötzlich kam ein hagerer Mann.
Wir nannten ihn dann den Sensemann.
Eine Sense hatte er in der Hand,
das ganze Haar ihm zu Berge stand.

Begleitet von einem Hundebärchen,
der sah genauso aus wie sein Herrchen.
Struppig das Fell und voller Streu.
Die schliefen wohl alle beide im Heu.

Die Artisten machten ihre Kasse auf
und meinten, wir kommen im Dauerlauf.
Doch wir dachten gar nicht dran.
Denn wir begannen die Radtour sodann.
Nun ging es auf dem Radweg hier.
Die erste Station war dann Trier.

Wo wir jetzt zu Mittag aßen
und noch gemütlich beisammen saßen.
Dann ging`s an der Mosel entlang mit dem Rad.
Die erste Etappe war Klüsserath.

Hier hatten wir ein schönes Quartier,
mit anderen Worten, wir übernachteten hier.
Doch erstmal als wir angekommen,
wurde das Gepäck von den Rädern genommen.
Die Räder dann in die Garage gestellt,
das war alles drin für unser Geld.

Dann bekamen wir die Schlüssel für unser Zimmer,
denn so handhaben wir das immer.
Nun aus den verschwitzten Klamotten,
denn wir könn` ja nicht riechen wie die Hottentotten.

Schnell geduscht und Anruf bei den Lieben
und da war es auch schon sieben.
Hinunter dann zum Abendbrotessen,
denn das darf man nicht vergessen.
Ein paar spachtelten schon drauf los.
Das Essen schmeckte sehr famos.

Burkhard, der Essen liebt wie nichts auf der Welt,
hat sich dann auch gleich was Leck`res bestellt.
Doch musste er leider ziemlich warten,
während andere konnten schon starten.

Er meint, in der Hölle gäb`s Trinken
und Essen bis zum Abwinken.
Da waren wir wieder beim Thema dann,
aus dem Kopf ging uns nicht der Sensemann.
Und endlich kam dann auch sein Essen,
da war die Hölle schnell vergessen.

Die Monika meint: „Ich kann nicht mehr,
nur einen „Fernet" schütt ich noch hinterher."
Und Hilda fragt Burkhard so beiläufig nur,
„Packst du in Beutel auch die Kultur?"

So war dann der erste Tag vorüber,
am nächsten Morgen sahn wir uns wieder.
Und Uwe bläute uns dann ein:
„Die Straße ist nicht nur für uns allein.
Fahrt rechts und bitte hintereinander,
so kommen wir gut aus miteinander.

Denn auf den Radweg müssen wir
für ein paar Kilometer verzichten hier."
Nun... auch dieses ging vorüber
und der Radweg, der kam wieder.

Herr Klems, der an der Spitze fuhr,
„103 Räder kommen nur"
sagte er zu einem Mann.
Dieser beginnt zu zählen dann.
Doch als er am Ende angekommen
hat er gleich Britta ins Verhör genommen.

„Sag mal zu deinem Boss,
was ist mit seinem Rechnen los.
Der kann ja überhaupt nicht zählen!
Nur 28 tun sich quälen!"

Und eine Oma am Wegesrand,
die dort mit ihrem Enkel stand,
die meinte auch ganz unverdrossen:
„Oh, hundert Räder komm` geschossen."
So hatten wir wieder Leute zum Gucken,
doch das tat uns gar nicht jucken.

Der Radweg war noch ziemlich eben,
doch schon gings hoch hinauf in die Reben.
Von dort hatten wir einen herrlichen Blick
und wollten gar nicht mehr zurück.

Wir fuhr`n über Bernkastel, Traben Trabach nach Zell
und übernachteten dort in einem Hotel,
wo auf dem Dach ein Schwimmbad gar.
Das war was für die Radlerschar.
Das Wasser war leider kalt und trüb,
sodass auch keiner recht lang drin blieb.

So war nun der dritte Tag gekommen
und die vorletzte Etappe in Angriff genommen.
Bei dem Dorf Eller machten wir Pause
und keiner dachte an zu Hause.

Wir saßen unterm Nussbaum alle zu Hauf.
Hilda meint zu Burkhard: „Du pass auf,

dass dir keine Nuss auf die Nüsse fällt,
dass dir dann sicher nicht so gefällt.
Ich meinte den Kopf, beziehungsweise die Birne.
Vielleicht fällt sie ja auf deine Stirne."

Und dann kam das Schärfste, es kam ein Mann,
der meinte „Der Junge da hat was getan,
er hat einen Baumstamm ins Wasser geschmissen,
der hat bestimmt schon ein Sportboot zerrissen!"

Wir konnten darüber wirklich nur lachen.
Denn Mathias macht doch nicht solche Sachen.
Einen kleinen Zweig hat er ins Wasser gelegt.
Das Motorboot war dann einfach drüber weggefegt.
Mathias versprach nichts mehr ins Wasser zu tun.
So hatte der Mann dann seine Ruh.

Und von unserem vielen Geschwafel,
übersahen wir beinahe eine Tafel.
Denn neben dem Nussbaum stand ein Stein
und auf der Tafel war gravieret ein:

„Hansi Fischer hier verstarb."
Ob er sich wohl den Magen verdarb?
Im August 98 mit 37 Jahren.
Wir werden es wohl nie erfahren,
woran er denn gestorben war.
Ob er wohl ertrunken gar?

Ob zusammengestoßen mit einem Rad?
Viele Möglichkeiten hatten wir parat.
Er machte uns das Leben schwer,
doch Hansi Fischer war nicht mehr.

Nach über einer Stunde ruhn,
hatten die Räder wieder was zu tun.
Doch bevor wir fuhrn, rief Ulli sacht:
„Willi, dein Ständer ist unten, gib Acht."
„Unten nützt er nur nichts", die Brigitte sagt.
Was sie wohl meint?... Ich bin überfragt.

In Kadern war dann die letzte Rast.
Die Räder in die Garage ohne Hast.

Dann sind wir in unsere Zimmer gegangen.
Haben die verschwitzten Sachen ans Fenster gehangen.

Dabei hab ich dann auch entdeckt,
der Kirchturm war hinterm Bahngleis versteckt.
Dann kam ein Zug - ich hab mich erschreckt
und dann kam die Glocke, die mich geweckt.

Nach dem Abendessen machten wir
einen Spaziergang um die Kirche hier
und landeten in einem Zelt,
die die Angler für sich bestellt.
Dort gab es Getränke und auch was zu essen.
Die Bedienung rannte wie besessen.

Die Frau war okay, doch am Tresen der Mann
kam mit seinem Zapfen einfach nicht ran.
Das Bier dauerte lange, bis es zu uns kam.
Und Rainer dies dann zum Anlass nahm.

Er meinte: „Speicher das Bier wie das Kamel,
hat hinten ein Höcker, ich mach kein Hehl!"
So haben wir dort noch ein paar Stunden,
gemütlich gesessen in froher Runden.
Und spät am Abend gingen wir ins Hotel.
Ich war müd` und hab geschlafen ganz schnell.

Am Sonntag dann wieder viel Sonnenschein,
das lädt so richtig zum Radfahrn ein.
Und Uwe fragt noch: „Wie es so geht,
hat jemand Probleme mit seinem Gerät?"

Worauf Marion sagt die neben ihm steht:
„Welches meinst du denn?" und Richtung Fahrrad geht.
Nur einer war `ne Speiche geknallt,
obwohl das Rad noch gar nicht alt.
Die war wohl ausgeleiert.
Nun hat das Rad geeiert.

Dann sind wir endlich losgefahren.
Doch bald schon musste Thomas erfahren,
das man beim Radfahrn stets hab Acht
und keine Experimente macht.

Seine Hände wollt er am Lenker kreuzen.
Da tat ein Sturz das Ausführn durchkreuzen.
Geblutet hat das arme Knie.
„Ich kreuze meine Hände nie",
so meinte er ganz jämmerlich
und ließ darauf verarzten sich.

Die Kerstin war in weiter Ferne,
denn die macht sowas doch sehr gerne.
Sie ist gelernte Krankenschwester
und obendrein noch Thomas Schwester.
Nur wir vermuteten, bitte schön,
sie kann doch keinen bluten sehn.

Und nach diesem kurzen Stopp,
meint Monika zu Uwe: „Topp,
dein Ständer ist ja unten noch."
„Der geht automatisch hoch!"

Dann kamen wir endlich in Koblenz an.
Die Räder im Bus verstaut sodann.
Über 200 Kilometer war`n wir gefahren
und hatten viel von der Landschaft erfahren.

Das Wetter war wirklich wunderbar
und uns war sicher allen klar,
dass das wieder eine schöne Radtour war.
Drum sehn wir uns wieder im nächsten Jahr.
Nur Maisfelder vermissten wir sehr.
Denn bei Rebstöcken tut man sich recht schwer.

So sprechen wir ganz einfach heraus:
sucht eine Strecke an Maisfeldern aus!

Die Quittung

Im Jahr 99 machten wir von der Freizeitabteilung des Sportvereins eine Radtour an die Mosel.(Siehe auch das Gedicht vorher) Für das Jahr 2000 war eine Radtour an die Werra geplant. Man sollte sich bis Mitte Februar 2000 anmelden. Ich ging zu Familie Hoppmann, legte das Geld auf den Tisch, bat um eine Quittung und bemerkte, dass ich mein Anmeldeformular vergessen hatte.
Auf einem kleinen roten Zettel quittierte er mir den Betrag und schrieb: *Anzahlung für Moselradtour!* Er war mit seinen Gedanken also immer noch bei der schönen Mosel.

8. Tierisches

Das Kaninchen

Im Sommer 47, ich wird`s nie vergessen,
es gab sowieso schon wenig zu essen,
bekamen wir eines Tags ein Riesenpaket.
und ganz groß als Absender steht:
Oma und Opa grüßen ganz lieb Karinchen
und schicken ihr hiermit zwei lebende Kaninchen.

Da war bei mir die Freude groß
und auch meine Eltern jubelten los.
„Da haben wir gleich was Feines zu essen."
Doch ich meint: „Das könnt ihr aber gleich vergessen.
In einen Stall kommen die jetzt rein,
ich kümmer mich da ganz allein!

Ich werd sie füttern und auch pflegen."
„Na gut, dann werd` ich einen Stall anlegen."
So sprach mein Papa und machte sich ran
und zimmerte einen Stall sodann.
Max und Moritz hießen die beiden
und ich konnt sie sehr gut leiden.

Vom Bahndamm gegenüber holt ich das Futter,
die Mohrrüben stiftete meine Mutter.
So wurden die Kaninchen schön groß und fett.
Jeden Abend brachte ich sie zu Bett.
Ich nahm sie auf den Arm und streichelte sie,
sie waren so zutraulich wie noch nie.

So verging die Sommer- und Herbsteszeit
und der Winter war nun nicht mehr weit.
Und meine Eltern überlegten besessen,
was werden wir nur an Weihnachten essen ?
Sie überlegten hin und überlegten her
und auf einmal fiel`s ihnen gar nicht schwer.

„Na klar wir haben ja die Kaninchen,
da wird zwar traurig sein Karinchen,
aber wir müssen ja was haben zu essen.
Die Kaninchen wird sie schon bald vergessen.
Zu Weihnachten nehmen wir den Max uns vor
und Ostern schieben wir Moritz ins Rohr.

Das haben wir jetzt so beschlossen!"
Am liebsten hätt ich sie auf den Mond geschossen.
Ich war am Schluchzen und sehr traurig.
Der Gedanke allein war schon sehr schaurig.
Ich bittete und bettelte und fühlt mich allein,
das darf doch wirklich gar nicht sein.

Ich streichelte sie nun umso mehr
denn ich mochte sie doch so sehr.
Die Tage vergingen und Heiligabend war nah.
Und die Kaninchen waren auch noch da.
Ich glaubte, die Eltern hättens vergessen
und wir würden etwas Anderes essen.

Mittags gab`s wie immer Kartoffelsalat
und Würstchen hatten sie auch noch parat.
Am Abend war ich am Stall sodann.
Die beiden guckten mich ganz lieb an.
Vom Herzen fiel mir da ein Stein,
es durfte ja auch gar nicht sein.

Am nächsten Morgen als ich aus dem Bette kroch,
meine Nase etwas komisches roch.
Im Zimmer duftete es nach einem Braten.
Da brauchte ich nicht lange zu raten.
Sie hatten tatsächlich im Ofen den Max.
Das gab mir einen gehörigen Knax.

Ich war nur am Heulen und die Tränen liefen.
„Papa hat ihn geschlachtet, während wir schliefen!"
Ich war nicht zu beruhigen. „Komm endlich zum Essen
und tu das Kaninchen jetzt mal vergessen!"
„Kein Fleisch ess ich... nur Knödel und Kraut."
Da haben meine Eltern aber dumm geschaut.

Da sagt meine Mama aus voller Lunge:
„Probier doch wenigstens mal von der Zunge."
Da hab ich mich endlich nicht mehr geziert
und unter Schluchzen von der Zunge probiert.
Das war lecker . . . und freudig sagte ich drauf:
„Wann essen wir den Moritz auf !"

Der Wellensittich

Mit etwa 12 Jahren bekam ich endlich den lang ersehnten Wellensittich. Wir holten ihn aus einer Zucht und er war noch so klein, dass er noch nicht mal fliegen konnte. Das mussten wir ihm nun beibringen...
Wir fragten uns nun, wie bringen wir wohl einem Vogel das Fliegen bei, wir können`s ja selber nicht. Es war aber ganz einfach. Der Vogel wurde auf die Hand genommen, seine Füßchen in einem Finger eingeklemmt und dann fuhr man mit der Hand hoch und runter, sodass Luft durch die Flügel kamen. Von ganz alleine machte er dann auch die Flügel auseinander und probierte solange, bis er konnte. Dann gingen wir immer etwas weiter von seinem Bauer weg und er musste dorthin zurückfliegen. Er hatte es bald raus und es machte ihm auch sichtlich Spaß. Wir nannten ihn Peter und er war sehr gelehrig. . .

Bevor ich morgens aufstand, wurde ich immer von Peterle geweckt. Das war eine richtige Zeremonie. Meine Mutti kam mit den Worten: „Geh Karin wecken" mit ihm zu mir rein. Er flog auf mein Bett, suchte mein Gesicht und fing dann an, ganz lieb an mir rumzuknabbern, mit den Worten: „Karin, Karin du musst aufstehn!"
An meinen Augen, meiner Nase und an meinem Mund war er zugange. Dadurch wurde ich meistens wach und verzog meinen Mund, weil ich lachen musste...
Sowie er dies sah, fing er an und knabberte an meinen Lippen und rief: „Hmm, schenk doch Küsschen." Er freute sich riesig, wenn er es geschafft hatte, mich zu wecken.

Einmal die Woche bekamen wir von einer Frau von einem Hühnerhof frische Eier gebracht. Und wenn es klingelte, wussten wir: die Eiertante kommt. Meine Mutti hatte den Wellensittich auf der Schulter, als es klingelte. Da sie dachte, dass es unten an der Haustür ist, drückte sie den Knopf. Unser Peterle sagte sofort: „Hmm, die Eiertante kommt." Die Frau aber stand schon vor der Tür, hatte dies gehört und musste lachen. „Ja, ja, ich bin die Eiertante" meinte sie und lud ihre Ware ab.

Ein anderes Mal kam der Geldbriefträger zu uns und wir baten ihn ins Wohnzimmer. Er packte seine Tasche aus, wo das Geld drin war. Da unser Peterle sehr neugierig war, flog er gleich auf den Tisch und auf die Tasche zu. Als nun der Briefträger 5-Markstücke rauszählte, war unser Vogel in seinem Element. Er nahm ein ganz blankes 5-Markstück, trug es an den Tischrand und ließ es runterfallen...

Dann flog er hinterher und quatschte: „Hmm, schenk doch Küsschen, schenk doch Küsschen.” Dabei drehte er es immer wieder hin und her. Der Briefträger musste so lachen, dass er beim Weggehen seine Tasche liegen ließ und wir sie ihm noch hinterherbringen mussten.

Eier

Meine Mutti fragte mich, was ich denn für Eier im Kühlschrank hätte. Darauf ich: „Die bringt mir meine Nachbarin mit, das sind frei laufende Hühnereier!”

Arco

Meine Mutti hatte einen Gordon-Setter,
der tollte rum bei jedem Wetter.
Arco ward der Hund genannt
und spielte gern am Meeresstrand.

Und eines Tags vor seiner Nase,
lief ein listger kleiner Hase.
Und sogleich rannte er ihm nach.
Der kleine Hase aber ach,
machte Zick-Zack-Sprünge gar,
worauf`s dem Hund gar komisch war.

Der Arco dachte nun, nanu,
das geht nicht mit rechten Dingen zu.
Der Hase war verschwunden,
der Hund dreht noch paar Runden,
bis er`s eingesehen gar,
dass der Hase schlauer war.

Die gelbe Kugel

In Schillig an dem Meeresstrand,
da spielte man in feinem Sand
ein kleines Boccia-Turnier,
mit bunten Kugeln, derer vier.
Die Farben rot, grün, gelb und blau.

Doch plötzlich kam ein Hund, ein Wau.
Der schnappte sich `ne gelbe
und meint, es wär dieselbe,
mit der zu Haus er spielen tat.
Denn der Hund, der war auf Draht.

Die Männer mussten nun sehr lachen.
Was sind denn das für blöde Sachen.
Herrchen und Spieler nun hinterher.
Die Kugel zu nehmen war recht schwer.
Herrchen tat sie ihm entreißen,
der Hund tat Gott sei Dank nicht beißen.

Es empfiehlt sich also am Meeresstrand
ohne gelbe Kugeln zu spielen im Sand!

Die Glucke

Fest gemauert auf der Erden
steht der Stall aus Stein gebaut.
Heut muss die Glucke Mutter werden.
Kommt ihr Leute, kommt und schaut.

Von dem Bürzel heiß,
rinnen muss der Schweiß.
Soll'n die Küken heut noch schlüpfen,
muss die Glucke sich bald lüpfen.

Seit Tagen sitzt sie auf den Eiern
sehnsüchtig wartend auf die Brut.
Denn heute gibt es was zu feiern,
wenn diese endlich schlüpfen tut.

So lasst uns nun das Werk betrachten,
was durch die Eier bald entspringt.
Den Gockel, den muss man verachten,
weil er nichts rechtes gar vollbringt.

Horch es kratzt am Ei.
Ihr Kinder kommt herbei.
Wenn ihr wollt kleine Küken sehen,
müsst ihr leise davor stehen.

Da nun endlich hebt sie sich empor,
die Küken all geschlüpfet sind.
Zu ihren Füßen piept es leis im Chor
und staunend steht davor das Kind

Der Storch und der Frosch

Der Storch, der macht quak, quak
und frisst so gerne Quark.
Er steigt aus seinem Teich,
denn das ist ja sein Reich.

Er kommt jetzt in den Garten,
wo hier ein Storch tut warten.
Der Frosch nun durch die Wiese tappt,
der Storch aber nach diesem schnappt.

Da kommt ein zweiter Storch hinzu.
Der Erste denkt: „Lass mich in Ruh.
Denn dieser Frosch ist mein,
den bring ich meinen Kinderlein."

Der Zweite klappert nun ganz toll
und denkt, der Frosch ist wundervoll.
Nun klappert auch der erste Storch!
Da geht der Frosch tatsächlich dorch!

Und aus dem Maule springt er
und schnell im Teich versinkt er.
Was lernen wir da wohl daraus?
Wenn zwei sich streiten, ist der Dritte fein raus!

Der Käfer

Ein Rinnsal schießt die Straße lang,
da wirds einem Käfer Angst und Bang.
Er möcht gern auf die and`re Seite,
des Wassers Fluss es jäh verleide.
Er hat auch einen Pulli an
mit lauter schwarzen Punkten dran.

Doch siehe da, es naht ein Blatt,
wo nun der Unglückliche hat
auf diesem ganz schnell Platz genommen,
hofft so, auf die andre Seit` zu kommen.
Doch mit der Gedanken Gänge,
kommt der Käfer in die Enge.

Denn es steuert das Blatt gar
was nicht vorgesehen war,
nun talwärts immer gradeaus.
Das hält der Käfer im Kopf nicht aus.
Er wollte doch zu seinem Glücke
das Blatt nur nehmen schnell als Brücke.

Doch hat das Glück ihn jäh verlassen.
Er muss jetzt ganz genau aufpassen,
ob das Blatt vielleicht kurz hält?
Was das Beste auf der Welt.
Nun kommen auch noch andre Blätter
und dann gibts ein Donnerwetter.

Blitze zucken, Donner krachen,
da hat der Arme nichts zu lachen.
Und von oben kommt jetzt Wasser
nun wird der Käfer auch noch nasser.
Völlig durchnässt und auch durchweicht,
hat er das Ufer noch nicht erreicht.

Auch noch schneller wird das Blatt,
was er sich anders vorgestellt hat.
Das Rinnsal wird nun immer breiter,
sein Ziel entfernt sich immer weiter.

Das Blatt es saust nur so dahin,
da kommt dem Käfer was in Sinn.
Er könnt ja einfach mal abspringen
und sich so in Sicherheit bringen.
Während er das denkt, naht schon
des Menschen Zivilisation.

Er springt ans Ufer mit sein`m Pulli.
Das Blatt - es landet in dem Gulli!

Katz und Maus

Die Maus sitzt in dem Mauseloch,
die Katze denkt: „Ich krieg dich doch!"
Da denkt die Maus: „Na warte,
wenn ich zum Angriff starte!"

Die Katze sagt dann zu der Maus:
„Komm doch heraus aus deinem Haus,
ich will dich doch nur fressen!"
„Das kannst du glatt vergessen!"

Sagt drauf die list`ge kleine Maus
und guckt verschmitzt aus ihrem Haus.
„Spielen könntest du mit mir,
aber ich bleib lieber hier."

So sprach die list`ge kleine Maus
und schwups kam sie aus dem Haus.
Die Katz war ganz verdattert,
denn beinah hätt sie sie ergattert.

Die Katze nun jetzt hinterher.
„Die Maus macht mir das Leben schwer!"
Und wie sie`s grad so denket noch,
verschwind die Maus im andern Loch!

„Jetzt setzt ich mich davor und warte.
Die Maus hat eine schlechte Karte!"
So dacht die kleine schwarze Katze
und hob dabei die linke Tatze.

Doch eh sie sich es nun versah,
war die Maus schon wieder da.
Sie schaut aus einem andern Loch
und meinte still: „Ich fopp dich doch!"

So ging das Spielchen hin und her.
Die Katze aber wollt nicht mehr.
Sie schlich sich einfach jetzt nach Haus
und ließ in Ruh die kleine Maus.

Der Fuchs und die Gans

Der Fuchs fand eine Gans,
die biss ihn in den Schwanz.
Da hob er seine Pfote
und heult wie ein Kojote.

Das hört die Gans und lachte.
Der Fuchs, der aber dachte:
„Na warte, meine liebe Gans,
ich fress dich mit den Federn ganz!"

Er ging zum Angriff über,
die Gans, die flüchtet lieber.
Er hinterher, schnell wie ein Blitz.
Die Gans flog weg, das war ein Witz.

Das Nachsehen hatte hier der Fuchs.
Die Gans war schlauer wie ein Luchs.
Drum sieh dich vor vor Federvieh,
die sind schlauer wie noch nie.

Gebet eines Kängurubabys

„Müde bin ich Känguru,
schließ jetzt meinen Beutel zu.
Mama lass die Augen dein,
über meinem Beutel sein !"

Fuchs und Hase

„Also", sprach Herr Fuchs zum Hasen
„Ich geh auf Toilette und pinkel nicht auf den Rasen."
Da sprach Herr Hase zu dem Fuchs:
„Wenn du nicht schnell bist, geht`s in die Buchs!"

Der Klappstuhl

Ein Klappstuhl auf der Wiese stand
ganz ohne Stoff behangen.
Ein Schaf fand das sehr interessant.
Gleich drauf war es gefangen.

Der Klappstuhl hing um seinen Bauch.
Schaf blöckt und guckte ziemlich dumm.
Die andern Schafe blöckten auch:
„Da läuft ein Schaf mit Klappstuhl rum!"

Kuhhandel

Ein Bauer und ein Rindvieh, die waren auf dem Feld.
Nichts konnte sie wohl trennen, als alles Geld der Welt.
Mit dieser einz`gen Kuh hat er sein Feld bestellt.
Da kam ein Mann aus Sachsen und bot ihm sehr viel Geld.

Die Kuh, die wollt er gerne kaufen.
Der Bauer tat die Haar sich raufen.
Er meint: „Ich pfeif auf dieses viele Geld.
Ich hab solang mit der Kuh das Feld bestellt.

Ich möcht gern etwas anderes haben,
woran mein Herz sich könnte laben!"
Da überlegten beide nun,
was da wäre wohl zu tun.

Der Bauer denkt, behalt ich die Kuh
hab ich die Milch dann noch dazu.
Behalte ich aber nur das Feld,
muss ich sehn, wer`s mir bestellt
und das kostet wieder Geld.

Der Bauer sagt dann zu dem Mann:
„Ich nur das Feld dir geben kann.
du gibst mir Melkmaschine und noch Geld
und sie zu wer`s dir bestellt...!"

„Das ist zwar gut von dir gemeint,
doch nach der Kuh mein Herze weint.

Auf diesen Handel lass ich mich nicht ein.
Ich werd doch nicht bescheuert sein!"

Die beiden stritten nun hin und her,
bis der Sachse meint: „Ich kann nicht mehr.
Ich kaufe dir nun ab das Feld,
geb Melkmaschine dir und Geld."

Der Bauer hat nun jetzt die Kuh,
die Melkmaschine, Geld dazu.
Braucht nicht mehr auf dem Feld zu hetzen,
könnt sich jetzt zur Ruhe setzen.

Nun hat der Sachsenmann das Feld
und weiß noch nicht, wer`s ihm bestellt.
Drum fragt er den Bauern nun,
„Könntest du das für mich wohl tun?"

„Nun ja", meint der, „doch nur für Geld
wird dein Feld dann von mir bestellt!"
So zeigt sich wieder das Bauersleut
sind doch ganz gewitzte Leut.

Die Maus

Die Maus äugt durchs Heizungsfenster rein
und denkt: „Oh, hier ist es aber fein."
Sie äugt hin und sie äugt her.
„Ich glaube, da gefällts mir sehr."

Schwupps ist sie dann die Mauer runter
und fühlte sich so richtig munter.
Doch sie hat nicht bedacht in ihrer Eil,
dass eine Tür da, wie ein Keil.

Und auch nichts Essbares sie fand.
Jetzt hatte sie einen schweren Stand.
Zurückgehn fand sie wohl nicht schlau,
im Haus musst was sein, das wusst sie genau!

Sie hatte sich auch vorgenommen,
durch diese Türe muss ich kommen.

Ein Kunststoffboden vor der Türe lag.
„Am besten ist, ich fang an und nag!"

So knabberte sie nun den Boden an.
Ob ihr das wohl gut getan?
Und tatsächlich ei der Daus,
kam sie durch die Türritze raus.

Nun war sie im Flur und sah sich um.
Alle Türen zu, ach wie dumm!
Dann ist sie an die Werkstatttür gekommen
und hat dort die Tapete in Angriff genommen.

Doch leider kam sie da nicht weit,
denn dahinter war eine Schwelle, ziemlich breit.
So musste sie nun woanders hin.
Ich glaub nach Computerspiel stand ihr der Sinn.

Denn nun war sie in unserem Arbeitsraum.
Aber zu essen fand sie hier wohl kaum.
Als wir vom Urlaub nach Hause gekommen,
haben wir alles in Augenschein genommen.

Wir merkten bald, dass in unserem Haus
ein Gast war, nämlich eine Maus.
So stellte mein Mann dann ein paar Fallen,
doch sie tat uns nicht den Gefallen.

Sie blieben einige Tage leer.
Bis eines Morgens, bitte sehr
endlich die Maus gefangen war.
Spätestens hier war ihr dann sicher klar,
dass sie draußen sicherer war!

Der Hühnerpascha

Der Hühnerpascha hat es gut,
weil dieses Faultier wenig tut.
Auf einem Schaukelstuhl versinkt,
genüsslich Cappucino trinkt.

Doch wenn er seinen Harem tritt,
dann ruft er: „Mädels, seid ihr fit?"
Der Tag war lang, die Nacht bricht an,
wo bleibt mein Küsschen zum Empfang?

Ich habe Lust auf fette Maden,
am besten gleich in großen Schwaden.
Auch hätt ich gern noch Zuckermais
serviert mit etwas Safranreis!"

Sechs Hennen eilen flugs herbei
und bringen ihm so allerlei.
Was er will, das wird gebracht,
selbst die Betthupferl für die Nacht.

So spricht der Pascha zu seinem Häschen,
das ist das mit dem großen Näschen:
„Hol mir mal `ne Flasche Bier,
am besten bring mir gleich mal vier!"

Des Paschas Stolz sind diese Hennen,
die er kann sein Eigen nennen.
Mit bunten Federn und ganz zart
und alle haben einen Bart.

Feodora, die ist superpünktlich
und legt die Eier genau stündlich.
Auch mal ein Blaues dann und wann,
dann heißt es: „Komm hauch mich mal an!"

Gina und Henrietta, diese Beiden,
kann der Pascha sehr gut leiden.
Sie sind zierlich und noch klein.
Am liebsten mag er sie zu zwein.

Häschen, dieses Huhn,
hat nur den halben Tag zu tun.
Während Leila und auch Walli
tanzen auf der Leiter Halligalli.

Doch alle Hühner müssen ran.
Der Pascha wird gekämmt sodann.
Massiert, gekrault und eingefettet.
In Schaukelstuhl hinein gebettet.

Die Federn werden leicht geföhnt,
der faule Pascha lustvoll stöhnt.
Dies alles braucht natürlich Zeit,
verlangt auch viel Geschicklichkeit!

Nun wird der „Playboy" ihm gebracht,
das soll ihn stimmen für die Nacht.
Doch das Blatt allein, das bringts nicht mehr
da muss jetzt etwas schärf'res her!

Da brüllt der Pascha plötzlich los:
„Ihr reizt mich heute, was ist los?
Schwingt eure Chicken Wings und ab,
noch nichts gehört vom Hühnertrab?"

Die Hühner, die so um ihn hocken,
die waren jetzt doch sehr erschrocken.
Sie stieben auseinander wild.
„Passt auf, sonst werden wir noch gegrillt!"

„Nun sind die Hennen weg, oje.
Was tut mir bloß mein Rücken weh!
Ich brauch Jemand, der mich kraulen tut.
Was gings mir vorher doch so gut!

Vielleicht find't sich ja doch eine Henne,
bei der ich hin und wieder penne!"
Er hofft, bloß eine blieb ihm treu.
Die Lage ist nun wirklich neu.

Der Hühnerpascha tobt und flucht,
derweil er nach den Hühnern sucht.
Doch auf sein lautes Wehgeschrei,
kommt kein Hühnchen mehr herbei.

Da hört von fern er einen Ton.
Gegacker und Gepiepse schon.
Und richtig, da sind seine Hennen
und Küken auch in rauen Mengen.

Die Hennen kommen nun herbei.
Dem Hahn erstickt sein laut Geschrei
beim Anblick dieser kleinen Küken.
Er kann die Hühner schwerlich rügen.

„Wo komm die ganzen Küken her?
3, 6, 9, - ich werd nicht mehr!"
„Die sind von dir, du dummer Hahn.
Das hast *d u* uns angetan!

Nun wirst *d u* Kindermädchen machen
und wir machen jetzt die schönen Sachen.
Fang an, die Küken brauchen was zu futtern
und uns wirst du jetzt bemuttern!"

„Vorbei ist nun das Schuften
wir werden jetzt verduften.
Nach Rehbach hin zur Fassenacht.
Dort wo man lustig, singt und lacht."

Dieses Gedicht wurde für die Rehbacher Fastnacht 2001 gemacht und aufgeführt. Danke der Helferin.

Der Ringelwurm

Es war einmal ein kleiner
süßer feiner Ringelwurm.
Der wohnte einst mit seiner
Frau in einem Glockenturm.

Der kleine Wurm hieß Ringel
und hat am Hals `nen Kringel.
Dazu noch eine Klingel.
Deswegen heißt er: Ringel.

Die Diddelmaus

Die Diddelmaus, die Diddelmaus,
die fürchtet sich bei mir im Haus.
Sie möchte bei den Kindern sein,
bei Kathrin, Rebecca, Hannahlein.
Sie möcht auch nicht allein verreisen,
drum Halstuch und Waschlappen sie begleisen,
äh - begleiten muss es heißen.

Die Mücke

Es war einmal `ne kleine Mücke,
die lief über eine Brücke.
Da schwamm heran ein kleines Floss.
Das sah die kleine Mücke. - Bloß
sprang sie jetzt hinunter, - ach,
und landete prompt in dem Bach!
Denn wäre sie auf`s Floss gesprungen,
hätt` der Reim nicht gut geklungen!

Hero und Leander

Es standen beieinander
Hero und Leander
und fraßen umeinander
auf einer grünen Wiese.
Und grad diese
gehörte Schmitt`s Luise.

Sie mochten sich gar sehr,
obwohl sie beide bitte sehr,
waren Lamm und Pute.

Schmittens Tochter, die hieß Ute
und die Gute,
liebte innig Lamm und Pute.

Doch nun zog Ute,
diese Gute
eine Schnute,
als Mama schlachtet Lamm und Pute.

Denn zum Osterfeste
erwartete man Gäste.
Und tischte auf das Beste.

Nun lagen beieinander
Hero und Leander
als Keulen umeinander
auf einem großen Grille.
Das war Mamas Wille.
Für Ute bittre Pille?

Doch die liebe Tochter Ute
diese Gute,
die innig liebte Lamm und Pute,
stopft in Schnute
nun das Fleisch von Lamm und Pute!

9. Urlaubiges

TUT DAS GUT!

Am Staffelsee

Am ersten Tag da packen wir aus,
verstauen das meiste dann im Zelt,
was wir mitbrachten von zu Haus,
freun uns der schönen Alpenwelt.

Mit Boot fahr ich am nächsten Tag
ne Stunde auf dem See.
Und dann kam was, was ich auch mag,
`ne Radtour, auch sehr schön.

Wir fuhren kurz mal in die Stadt,
kauften hier und da was ein.
Guckten beim Italiener, was der so hat
und schleckten das Eis genüsslich rein.

Kartengrüsse

Heut regnet`s schon den ganzen Tag,
ich schreib Karten, was ich nicht mag.
Hoffen morgen auf die Sonne.
Dann paddeln wir wieder voller Wonne.
Vielleicht werden wir auch schwimmen gehen,
oder radeln, man wird sehen

Die besten Grüße senden wir
vom schönen Staffelsee zu dir.
Nachher gehts auf `ne Paddeltour,
es wird `ne kleine aber nur.
Gestern waren wir mal schwimmen,
da tat das Wetter nicht so stimmen.

Es tröpfelte ganz schön von oben.
Heut können wir Petrus aber loben,
denn es scheint sogar die Sonne,
der See ist ruhig, welche Wonne.
Nun grüß ich dich und deinen Schatz,
die Sängerinnen und Herrn Kratz.

Heut endlich wieder Sonnenschein
und ich sitze ganz allein
friedlich in der Sonne.
Stricke Höschen voller Wonne
für die kleine Puppe,
alles andre ist mir schnuppe.

Drei Tage war das Wetter schlecht,
doch mir war es gerade recht,
konnt ich Gedichte schreiben.
Doch radeln und paddeln wolln noch wir,
darum sind wir ja auch hier.
Ich grüße dich und Otto gern
und grüße mir den harten Kern!

Am Wagen des Wohnens

Am Wagen des Wohnens ein Segel der Sonnen,
da sitzen wir denn und ruhen voll Wonnen.
Doch in der Nacht stürmt es mit Saus und mit Braus,
da fliegt aus dem Segel die Stange heraus.
Und auf die Boote des Paddelns sie nieder schlägt.
Wie ein Tier des Murmelns mein Mann dabei schläft.

Von diesem Krach bin ich aufgewacht
und im Anzug des Schlafes hinaus in die Nacht.
Ins Zelt des Campings dann Segel, Stangen und Stühle,
da kommt ein Schauer des Regens, hat ich im Gefühle.
Mich unter die Decke des Rheumas gelegt,
während der Sturm übern Wagen des Wohnens gefegt.
Die Sonne des Morgens war erstmal schön,
doch konnt man bald Wolken des Gewitters sehn.
Und richtig, dann kam Gewitter und Regen.
Und der Wind tat wieder über uns hinfegen.
Da legten wir den Tag der Ruhe ein.
Mein Mann lesend, ich am Top des Lapps und das war fein.

Es plätschert

Es plätschert heut in Staffelsee
ganz viele Regentropfen
und wenn ich mir das Wetter beseh,
ist nicht verloren Malz und Hopfen.

Hoffen, dass morgen die Sonne scheint,
dann können wir paddeln wieder.
Und das Petrus nicht mehr weint,
vielleicht radeln wir auch lieber.

Bitte lächeln

Im Urlaub, 14 Tage nicht zu Haus,
kein „bitte lächeln" sehn, oh Graus.
Doch wir haben`s mit Video aufgenommen
und als wir jetzt nach Haus gekommen,
können wir, das ist einmalig und schön,
den ganzen Tag „bitte lächeln" sehn.

10. Weihnachtliches

Tante Zischka

Ich war etwas über vier Jahre jung und wir wohnten damals in Berlin-Lichterfelde. Da unsere Wohnung sehr groß war, hatten wir ein Zimmer an eine Frau Zischka untervermietet. Die Frau war sehr nett und ich mochte sie sehr gern. Meine Eltern baten sie, an Weihnachten doch den Weihnachtsmann zu spielen. Sie willigte auch gleich ein. Sie war sehr schön verkleidet, sodass man sie nicht erkannte und klingelte nun an unsere Tür.
Meine Mutti und ich machten auf und sie sagte mit nicht verstellter Stimme: „Bist du die liebe Karin?". Worauf ich mit tiefer Nikolaus-Stimme anwortete: „Bist du nicht Tante Zischka?"

Heiligabend

Nun war Heiligabend und wir waren fast alle im Wohnzimmer versammelt, nämlich meine Großeltern, ein Onkel, zwei Tanten und meine kleine Cousine von knapp zwei Jahren. Diese hieß Marianne, genannt Mausi.
Ich saß mit ihr an einem kleinen Tisch und wir schauten aus dem Fenster. Es lag viel Schnee, so wie es sich für Weihnachten gehört. Ich war damals sieben Jahre. Da sahen wir unsere Tante Margi in Richtung Stall durch den Schnee stapfen. Ich fragte meine Tante Toni: „Wo geht denn Tante Margi hin?" Worauf sie sagte: „Sie geht in den Stall, um die Kühe zu melken." „Aber das kann doch gar nicht sein, die sind doch schon gemolken." Entgegnete ich, denn das wusste ich ganz genau. Da meinte sie: „Dann wird sie wohl was im Stall vergessen haben." Und mit diesen Worten schloss sie die Gardinen vor unserem Fenster und schickte uns zum Spielen in ein anderes Zimmer.
Nach kurzer Zeit klopfte es plötzlich ganz laut an die Haustür, worauf meine Tante Toni meinte: „Ob das wohl der Weihnachtsmann ist?" Ich hatte eine Angst. Während sie öffnete, rief sie ins Zimmer rein: „Ja, ja, der Weihnachtsmann ist da." Als wir das hörten, nahm ich meine kleine Cousine, die das überhaupt noch nicht verstand, an die Hand und wir rannten ins Nebenzimmer und verkrochen uns dort in die hinterste Ecke unter einem Bett. Wir hörten schlurfende Schritte und eine tiefe Stimme sprach: „Wo sind denn Karin und Marianne?" ...
Aber wir waren mucksmäuschenstill und rührten uns nicht vom Fleck. Die Schritte kamen nun immer näher und dann war der Weihnachtsmann in dem Zimmer, wo wir unterm Bett lagen...

Ich sah nur die Stiefel und wusste sofort, wer da im Zimmer stand. Ich kam unter dem Bett vor, stellte mich vor den Weihnachtsmann und sagte ganz kess: „Tante Margi!" Doch eh ich mich versah, bekam ich eine schallende Ohrfeige von meiner Tante Olli, Mutti von Marianne, die jetzt neben mir stand. Damit wollte sie verhindern, dass meine Cousine nicht mitbekam, dass der Weihnachtsmann nicht echt war. Unter Tränen brüllte ich nun los: „Aber das ist doch Tante Margi!" Zack, hatte ich noch eine gefangen. Mein Gesicht glühte. Das war nun meine Bescherung. Meine Cousine, die das gar nicht mitbekommen hatte, kam inzwischen auch unter dem Bett vor und heulte gleich drauf los, weil sie dachte, ich hätte eine Ohrfeige bekommen, weil wir uns versteckt hätten. Wir heulten nun erstmal im Duett, bis meine Oma uns dann endlich beruhigen konnte. Dann bekamen wir unsere kleinen Geschenke und es war noch ein schöner Abend.

Einladung

Hallo, ihr lieben Leute,
ich grüße euch sieben heute.
Endlich ist es jetzt so weit,
es kommt die schöne Weihnachtszeit.

Drum wollen wir es nicht vergessen,
es kommt nämlich unser Weihnachtsessen.
Beim Hennes soll es diesmal sein,
drum lad ich hierfür herzlich ein.

Am 9. Dezember findet es statt.
Ich glaube wir werden auch alle satt.
Denn Igel und Sparbuch sind reichlich gefüllt.
Schrottsachen bitte in Papier gehüllt.

Das bringt ihr mit um Freude zu machen.
Da gibt es bestimmt wieder was zum Lachen.
Nun merkt euch das Datum bitte schön,
damit wir uns alle wieder sehn.

Schrott

„Was packst du denn als Schrottsache ein?"
„Am liebsten pack ich meinen Mann da rein...!"

Schlittenfahrt

Zum Weihnachtsessen luden wir ein,
es sollte diesmal beim Hennes sein.
Monika wollte später kommen,
sie hatte sich noch was vorgenommen.
Am selben Tag, ich fass es nicht,
machte das Wetter uns einen Strich.
Es schneite nämlich ganz fürchterlich.
Es war so richtig winterlich.

Durch einen Rundruf beschlossen wir,
wir lassen die Autos diesmal hier.
Und nehmen einfach unsere Schlitten,
damit können wir genau so glitten,
äh...gleiten natürlich meine ich
Außerdem gibt`s Spaß ganz sicherlich.

An Monika hatten wir nicht mehr gedacht.
Denn sie wollt erst nachkommen um Acht.
Deswegen trafen wir uns schon vorher
und es schneite nun noch viel mehr.
Monika war des Wetters wegen aber zu Hause geblieben
und wollt dann mit uns kommen um sieben.

So rief sie schnell bei Christa an
und Rene war dort am Telefan.
Äh...fon. Er war nicht gut aufgelegt.
Und Moni meinte: „Es ist schon spät,
drum hol mal deine Mutter her."
Doch Rene meint prompt: „Die ist nicht mehr

da, die ist schon mit ihrem Schlitten
nach Langen-Brombach zum Hennes geglitten."
„Was sagst du da, ja spinne ich,
oder willst du denn verarschen mich?"

Darauf sagt dann Rene ganz barsch:
„Ach, leck mich doch am Arsch..."!

So kam sie also gar nicht weiter,
deshalb telefonierte sie weiter.
Doch keiner konnte es ihr sagen,
was immer sie tat die Leute fragen.
Sie fuhr dann mit dem Auto fort,
nach Langen-Brombach zum Essen dort.

Zu sechst warn wir nun mit unseren Schlitten
in zuerst wenig Schnee geglitten.
Doch oben auf der Höh` , juchhee.
Da war es etwas tieferer Schnee.
Da hat es richtig Spaß gemacht
und wir haben dabei viel gelacht.

Die Schlitten waren mit Körben voll gepackt,
was Nikolaus uns so alles eingesackt.
Doch vor der ersten Kurve dann,
kam Moni mit ihrem Autoschlitten an.
Sie hatte es doch nicht gedacht,
dass Rene die Wahrheit sacht.

Endlich warn wir beim Hennes angekommen
und haben die Körbe vom Schlitten genommen.
Ich fragte die Bedienung nun,
„Was ist mit den Schlitten, was ist zu tun?"
Sie meinte: „Der Parkplatz ist doch dafür da!"
„Aber wir sind doch mit Schlitten da!"

Jetzt endlich hatte sie`s kapiert.
„Das Treppenhaus ist dafür reserviert."
Der Abend war prima, haben viel gelacht.
Das Schrottspiel hat auch viel Spaß gemacht.
Es war schon nach elf, als wir zu den Schlitten eilten,
und dort die Päckchen etwas anders verteilten.

Und in der langen Zwischenzeit,
hatte es ganz mächtig geschneit.
Doch der Weg nach Rehbach war ja nicht weit.
Außerdem hatten wir jede Menge Zeit.
Bergab ging es prima, einige setzten sich drauf,
die anderen nebenher im Dauerlauf.

Als Monika G.B. dann zu Hause ist,
sie erst mal ihren Schlüssel vermisst.
Sie hat gerufen, geklopft und geklingelt.
Beim Dietrich im Schlafzimmer hat`s nicht gebimmelt.
Er hat ganz fest geschlafen nur.
Von Aufwachen war da keine Spur.

Marion und Hilda waren sehr nett
und boten ihr an: Sie hätten auch noch ein Bett.
Doch plötzlich kam Cornelius raus
und ließ sie endlich in das Haus.
Und der Clou dann von der Sache:
der Schlüssel lag friedlich in der Tasche.

Und Monika F., hier bitte gib Acht,
du kannst ruhig glauben, was Rene sagt.

Weihnachtsgutschein

Der Weihnachtsmann hat uns geflüstert,
dass dir wieder nach einem Gutschein lüstert.
Damit sich der Einkauf auch rentiert,
wird der Gutschein vom Geburtstag dazugeliert..
äh...gelegt.

Dann kannst du kaufen was fürs Bad,
oder was Frau sonst so gerne hat.
Wir machen dann wieder einen Einkaufsbummel
vielleicht noch ins TAP zum Dieter Rummel?

Weihnachten

Vom Walde bin ich hergekommen,
hab ganz einfach meinen Schlitten von Opel genommen.
Fuhr dann immer gradeaus
und landete hier in diesem Haus.
Ich glaub` , ich ruh mich erst mal aus,
bevor ich pack die Geschenke aus.

Die Engel haben es eingesackt,
in die Taschen, in den Sack verpackt.
Beides war ja furchtbar schwer.
Ich glaub, ich kann nicht mehr.
Doch nun von jedem ein Gedicht
und nicht: ich kann das nicht.
Dann pack ich auch die Geschenke aus,
denn ich muss weiter ins nächste Haus

Wunschzettel

Mein Mann meint so nebenbei:
„Mein Wunschzettel ist schon geschrieben,
muss nur noch in die Druckerei!"
Drauf sagte ich zu meinem Lieben:
„Als Buch willst du es drucken lassen?
Was hast denn du da aufgeschrieben?"

Braten

Soll der Braten gut geraten,
muss der Braten lange braten.

Schöne Bescherung

Es war Weihnachten und unser Sohn Harald mit seiner Freundin Jola waren zu Besuch. Wir waren beim Kaffeetrinken und es gab Kuchen und Torte. Harald bot mir ein Stück Kuchen an. Ich probierte, biss drauf und in dem Moment wusste ich, dass irgendetwas mit meiner Prothese nicht stimmte. Ich schluckte also nichts runter, sondern rannte schnell ins Bad und wie ich den Mund aufmachte, sah ich die Bescherung. Ich hatte einen Zahn aus der Prothese verloren. Ich hab dann im Mund alles zusammen gesucht und ausgespuckt. Und siehe da, der Zahn war zwischen den Kuchenstücken. Ich habe nichts der Familie gesagt, sondern bin in mein Arbeitszimmer und habe mit UHU den Zahn in die Prothese reingeklebt, was auch sehr gut hielt. Es war ja Weihnachten und mit Sicherheit kein Zahnarzt erreichbar, der mir den Zahn kleben konnte. Der Zahn hielt so bombenfest, dass ich überhaupt nicht mehr daran gedacht habe. Es vergingen Wochen und Monate und wieder waren Feiertage im Anmarsch, nämlich Ostern. Und prompt fiel mir dieser Zahn wieder raus. Ich klebte ihn erneut mit UHU, weil ich sicher war, dass ich wieder keinen Zahnarzt erreichte, außerdem hatte ich auch ein bisschen Bammel. Der geklebte Zahn hielt wieder so gut, dass ich nicht mehr an ihn dachte...

Dann kam der Mai und mit ihm unser Urlaub und ich nahm mir für alle Fälle ordentlich UHU mit. Und dem war auch so. Ich musste ihn wieder kleben. Er hielt also immer so 2-3 Monate. Und immer musste ich am Wochenende kleben, wo ich nicht zum Zahnarzt konnte.

Nun passierte aber folgendes. Durch das viele Kleben litt auch der Zahn und er wurde immer etwas kleiner. Der Zahn verlor ganz schön an Substanz. Und ich machte mir nun Gedanken was ich jetzt wohl machen sollte. Nun hatten wir eine Reise nach Spanien im Oktober gebucht.

Ich habe mir dann im September schweren Herzens einen Termin beim Zahnarzt geben lassen, weil der Zahn beim Kleben überhaupt nicht mehr halten wollte. Meine Angst war übrigens vollkommen unbegründet. Ich gab die Prothese am Vormittag ab und sollte am Nachmittag kommen und sie holen. Nach dem Mittag fuhr ich hin und musste noch einen Moment warten. Ich hatte Angst, dass mich der Zahnarzt reinholt und mal gucken will. Dies war jedoch nicht der Fall. Die Sprechstundenhilfe rief mich auf und bat mich ins Arztzimmer. Ich musste mich auf den Stuhl setzen und dachte, jetzt kommt der Zahnarzt. Aber nein, die Sprechstundenhilfe kam, nahm die Prothese aus der Dose und meinte, so probieren sie mal an. Ich probierte und es saß wie eine eins und ich konnte wieder ganz normal beißen.

Meine Angst war also vollkommen unbegründet.

Der Nikolaus

Der Nikolaus der Nikolaus
der kam doch neulich in mein Haus.
Und ich sags so ganz nebenbei,
der hatte auch einen Sack dabei
mit vielen schönen Sachen,
die euch bestimmt viel Freude machen.
Drum wird es jetzt mal ausgepackt,
was die Englein eingesackt.
Drum ihr Lieben ihr bekommt alle hier
heute ein Geschenk von mir,
äh...nein, natürlich von dem Nikolaus
los gehts... drum packts mal ganz schnell aus.

Quelle

„Liebe Karin, ich fänds sehr nett,
wann isch noch so e Tasse hätt!"
So sprach Marianne vor einigen Tagen:
„Täts du nicht mal bei QUELLE fragen,
ob die noch so e Tasse haben
und tust mir gleich Bescheid dann sagen?"
„Ich war so nett, liebe Marianne,
hier hast du deine Kaffekanne
äh..dings bums... Tasse meine ich
und hoffe sehr, du freuest dich."

Für Inge

Für dich zum Reimen fällt mir schwer.
Ich wusste nichts gescheites mehr.
Auch ein Geschenk, das musste her,
hier ist es also, bitte sehr.
Ich hoffe doch, es freut dich,
dann hat es nicht gereut mich.

Und wenn es dir nun nicht gefällt,
was ganz normal auf dieser Welt,
dann schenk es deinem Otto
nach folgendem Mottotto:
einem geschenkten Barsch
guckt man nicht hinter die Kiemen?
äh...A....!

Weihnachtsfeier

Der Frauenchor lädt recht herzlich zur 13. gemeinsamen Weihnachtsfeier ein,
am Montag dem 20.12.99 im Bürgerhaus in Steinbach soll es wie immer sein.
Wie schon in den letzten Jahren wollen wir
ein paar nette Stunden verbringen hier.

Mit Gedichten und Liedern und so weiter,
mal recht besinnlich, mal recht heiter.
Die Damen sind am kalten Bufett vertreten,
die Herren werden wieder um die Getränke gebeten.

Badeinrichtung

Der Weihnachtsmann hat uns geflüstert,
dass euch nach einem neuen Bade lüstert.
Da ist uns so vieles durch den Kopf geschossen
und daraufhin haben wir beschlossen:

Wir schenken euch erstmal „en miniatur"
dass ist zwar eigentlich zum Spielen nur,
doch birgt der Inhalt schon seinen Reiz.
Und bitte nicht denken: „Ach son....äh..dings bums."

Denn habt ihr einmal den Inhalt entnommen,
kann es Viviane später fürs Puppenhaus bekommen!
So haben wir es uns gedacht,
dass dies euch etwas Freude macht.

Und wir können es hier sagen,
wir haben zum Bad etwas beigetragen.
Wenn`s auch nur `ne Kleinigkeit.
Wir hoffen, dass es trotzdem freut.

Die Einladung

Hallo...hallo ihr meine Lieben
ich grüß hiermit herzlich die restlichen sieben
und lade euch nun diesmal ein
am 13.12.2000, 19:00 Uhr wird es sein.

Für Silke und Monika F. gilt die Einladung auch
und kommt bitte alle mit leerem Bauch.
Das Datum tut bitte nicht vergessen
für unser leckeres Weihnachtsessen.

Diesmal sind wir wieder beim „Hennes" zu Gast.
Ich hoffe, der Berg ist uns keine Last.
Sollte es schneien, dann ist das klar,
dann nehmen wir einfach die Schlitten, nicht wahr?

Und Schrottspiel werden wir auch noch machen,
damit wir haben was zu lachen.
Der Igel war wieder mal gut gefüllt.
Das Sparbuch ist nicht übergequillt.

So hoff ich`, dass wir uns wieder sehn
denn zu zehnt ist`s doch besonders schön!

Geldspritze

Eine Spritze tut oftmals weh,
ob in Finger, ob in Zeh.
Doch ist`s des Portemonnaies fette Beute,
dann freuen sich gewisse Leute.

(eine Geldspritze für die Tochter zu Weihnachten)

11. Wetterliches

Im Sommer

Blau ist der Himmel, ich bin beim schwimmen,
das Wetter tut noch grad so stimmen.
Es ist sehr drückend, heiß und schwül.
Doch plötzlich aber wird es kühl.

Ein Wind kommt auf, ich aus dem Wasser.
Wär ich geblieben, wär ich dann nasser.
Vom Himmel kommt jetzt Blitz, Donner und Regen.
Unsre Tonnen werden voll, das ist ein Segen.

Es schüttet und windet ziemlich stark.
Ich glaube, es ist doch etwas zu arg.
Nach zwanzig Minuten ist der Spuk dann vorbei.
Und man geht über zum Einerlei.

Doch andernorts es nicht so glimpflich verlief.
Da ging so manches aber schief.
Die Feuerwehr musst Keller auspumpen und Äste aufheben.
Ja, so hart ist manchmal unser Leben.

Die Sonne

Aufgegangen wie ein Veilchen,
ist die Sonne vor ein Weilchen.
Doch nun kommen Wolken schnell hervor.
Drum singen wir jetzt auch im Chor:

„Regen, Regen geh vorüber
lass die Sonne scheinen lieber.
Bring die Wolken woanders hin.
Denn nach Sonne steht uns der Sinn!"

Im Herbst

Am Waldesrand,
da stand
ein schöner Baum.
Ein Traum.
Ein Traum von einem Baum.
Ein so genannter Traumbaum.

Der hatte einen großen Ast.
Eine Last.
Eine Last von einem Ast.
Ein so genannter Lastast.

Der hatte einen großen Zweig.
Wie feig.
Wie feig von einem Zweig.
Ein so genannter feiger Zweig.

An diesem hing ein letztes Blatt.
Sehr matt.
Sehr matt von einem Blatt.
Ein so genanntes mattes Blatt.

Das sprach zu sich ganz leis.
„Ich weiß.
Ich bin das allerletzte Blatt,
dass sich fest gehalten hat.
Doch käme jetzt ein Sturm daher,
ich wär nicht mehr."

Da kam ein mächt'ger Wind.
Liebes Kind.
Das Blatt, es wurde munter...
und fiel hinunter!

Inhaltsverzeichnis